Diktat-Stars: Mit viel Spaß für Diktate trainieren

Liebe Schülerin, lieber Schüler,

mit diesem Diktattraining kannst du dich selbstständig im Schreiben von Diktaten üben und deine Kenntnisse im Rechtschreiben überprüfen:

- im Unterricht, wenn du mit deinen Aufgaben fertig bist.
- zu Hause, wenn du noch mehr trainieren willst.

Auf die Diktate kannst du dich immer ein Kapitel lang vorbereiten, sodass du am Ende eines Kapitels siehst, was schon gut klappt!

Und so wird geübt:

- Bearbeite eine Doppelseite.
- Vergleiche deine Arbeit nach jeder Doppelseite mit dem Lösungsheft und verbessere Fehler. Wenn du fertig bist, mache ein Häkchen in das Kontrollkästchen unten.
- Nach jeder Doppelseite darfst du außerdem einen Stern hinten in das Heft kleben.
- An jedem Ende eines Kapitels findest du ein Abschluss-Diktat. Dort sind verschiedene Symbole abgebildet. Sie bezeichnen die Möglichkeiten, wie du das Diktat üben kannst.
  Auf Seite 2 sind die Diktatformen erklärt.
- Auf manchen Seiten stehen Sternchen-Aufgaben, bei denen du dich besonders konzentrieren musst. Hast du sie fertig bearbeitet, darfst du nach dem Schreiben einen zusätzlichen Stern kleben.
- Wenn du alle Seiten bearbeitet und mit den Sternen das Bild geschmückt hast, bist du ein **Diktat-Star**!
- Noch ein Tipp: Im Heft findest du noch viele weitere Texte. Du kannst auch diese Texte als Diktat üben. Die Einstiegstexte in die Kapitel sind dabei besonders schwer und für echte Diktat-Profis gedacht!

Zum Schluss möchte sich noch der Pelikan Pepe vorstellen. Er begleitet dich in diesem Heft und gibt dir viele wichtige Hinweise.

Viel Spaß beim Üben!

Hallo, gemeinsam bekommen wir die Diktate schon geschaukelt!

Mögliche Diktatformen

Im Heft findest du verschiedene Diktatformen:

 Text abschreiben: Lies den Text sehr langsam und genau. Schiebe dabei ein Blatt Papier Zeile für Zeile nach unten. Male schwierige Stellen an. Schreibe Wort für Wort. Sprich dabei in Silben mit. Vergleiche jedes Wort genau mit dem Wort im Text. Fehler findest du gut, wenn du den Text Wort für Wort von hinten nach vorne liest. Berichtige Fehler sofort.

 **Groß-Klein-Diktat:** Lasse dir den Text in Großbuchstaben aufschreiben oder schreibe ihn selbst in Großbuchstaben. Schreibe von dieser Vorlage richtig mit großen und kleinen Buchstaben ab.

 **Silbendiktat:** Schreibe den Text ab. Sprich dabei in Silben mit. Kennzeichne anschließend alle Silben.
In Silben kannst du Fehler leicht erkennen.

 Würfeldiktat: Würfle mit einem Würfel und schreibe den Satz mit der entsprechenden Nummer in dein Heft. Würfle so lange, bis du alle Sätze aufgeschrieben hast.
Du musst jeden Satz nur ein Mal aufschreiben.

 **Diktieren:** Lasse dir das Diktat von jemandem vorlesen, erst den gesamten Text, dann die einzelnen Sätze. Lies am Schluss laut, was du selbst geschrieben hast. Vielleicht findest du noch Fehler? Überprüft dann den Text gemeinsam.

 **Partnerdiktat:** Diktiere einem Partner langsam und deutlich den Text. Schaue genau, was dein Partner schreibt. Wenn dein Partner einen Fehler macht, rufe „Stopp!". Findet dein Partner den Fehler? Wenn nicht, erkläre, was falsch war. Diktiere das Wort erneut. Überprüft den Text zusammen und tauscht dann die Rollen.

 **Schleichdiktat:** Lege das Heft an einen Ort. Merke dir immer einen Abschnitt oder ein Wort und schleiche zurück zu deinem Platz. Schreibe und kontrolliere am Schluss mit der Vorlage.

Inhaltsverzeichnis

1 Trage die fehlenden Buchstaben des ABC ein.

2 Ordne den Zahlen die Buchstaben zu.
Schreibe in Großbuchstaben.
Findest du die Wörter?

1 Manche Buchstaben klingen ganz von selbst.
Sie heißen Selbstlaute. Lies laut und male die
fünf Selbstlaute in den Buchstabenketten rot an.

Die Selbstlaute
a, e, i, o, u merk'
ich mir im Nu.

a   be   ce   de   e   ef

ge   ha   i   jott   ka   el   em

en   o   pe   ku/qu   er   es   te

u   vau   we   ix   ypsilon   zett

2 Buchstaben, die besser mit anderen Lauten klingen,
heißen Mitlaute. Male sie oben blau an.

3 In diesen Wörtern fehlen die Selbstlaute.
Schreibe das richtige Wort daneben. Die Bilder helfen dir.

Tsch _____   Krkdl _____

Kchn _____   Tlfn _____

4 Ersetze in den Wörtern einen Selbstlaut durch einen
anderen. Es entsteht ein neues Wort.

N$_u$del → _____   H$_a$nd → _____

K$_e$rn → _____ $_E$ngel → _____

kontrolliert: ☐   5

Susi und Tom

Im April besuchen Susi und Tom ihre Tante.
Sie hat Hasen und Enten.
Jeder Hase bekommt einen Namen.
Der Junge füttert sie mit Gras.

(27 Wörter)

der April

1 Schreibe den Text ab.
Tipps zum Abschreiben findest du auf Seite 2.

die Ente

der H

2 Unterstreiche alle Namenwörter im Text.
Schreibe sie auf.

der Hase

Susi, Tom, April, _____

> Jetzt geht's los:
> Namenwörter
> schreib' ich groß.

die Hose

_____

_____

der Junge

_____

_____

die Minut

_____

der Mona

3 Namenwörter haben Begleiter: der, die, das.
Schreibe den passenden Begleiter vor das Wort.

der Name

die	Hose		Juni		Ente
	Name		Hals		Tante
	Obst		Hase		Junge

der Saft

die Tante

6

4 Finde die Namenwörter und schreibe sie mit Begleiter auf.

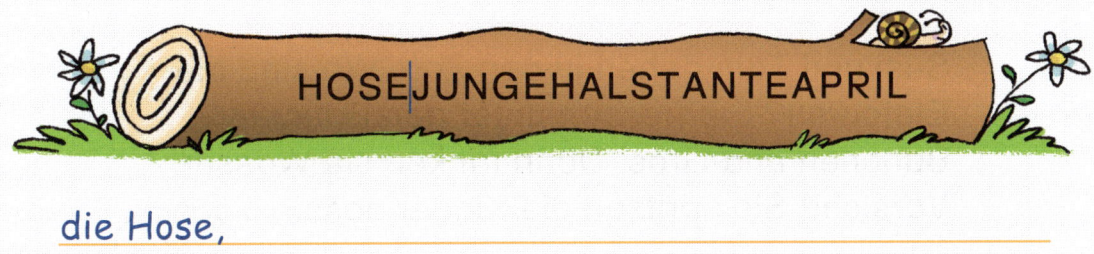

HOSEJUNGEHALSTANTEAPRIL

die Hose,

MINUTESAFTGRASENTEHASE

5 Fast alle Namenwörter kann man in die Einzahl und in die Mehrzahl setzen. Ergänze die Tabelle.
Denke an die Begleiter.

Einzahl	Mehrzahl
die Minute	
der Monat	
das Telefon	
	die Säfte
	die Scheren
	die Enden

1 Kreise die Satzschlusszeichen: . ? ! gelb ein.

Susi und Tom gehen in den Zoo. Wo sind die Elefanten? Sie fressen unter den Bäumen Bananen und Gras. Dann trinken sie Wasser. Vorsicht! Sie spritzen die Kinder nass.

(29 Wörter)

2 Was fällt dir nach den Satzschlusszeichen auf?

Nach Satzschlusszeichen schreibe ich _____ .

3 Ordne die Purzelsätze und schreibe sie richtig auf.

gehen in den Zoo Die Kinder.

_____

die Elefanten du Findest?

_____

ein Krokodil Da ist!

_____

4 In der Zeile stehen zwei Sätze. Setze nach jedem Satz einen Punkt. Schreibe die Sätze richtig auf.

Tom besucht die Elefanten sie trompeten laut

_____

_____

die Banar

der Elefa

das Kar

trompeten

5 Bilde Sätze und schreibe sie auf.
Beginne mit den Wörtern bei der Giraffe.
Achte auf den Satzanfang!

> Ich merke mir bloß: Satzanfänge schreibe ich groß!

sehen viele Tiere.

die Kinder
die Giraffe
ein Elefant
die Kamele

trompetet laut.

fressen Gras.

reckt ihren langen Hals.

_____

_____

_____

_____

_____

6 Diktattext. Wie willst du heute üben?
Umkreise: .
Die Diktatformen sind auf Seite 2 erklärt.

Susi und Tom besuchen die Tante.
Sie hat Hasen und Enten.
Hat die Tante Elefanten?
Nein.
Die Elefanten trompeten zu laut.

(21 Wörter)

Raupen

Am Krautblatt kleben neun Eier.
Heute schlüpfen kleine Raupen heraus.
Jede hat 16 Beine.
Die Haut ist braun.
Sie bleiben einige Zeit und schauen nach
neuem, feinem Kraut.   (29 Wörter)

1 Schreibe den Text ab.
Tipps zum Abschreiben findest du auf Seite 2.

2 Was haben die Wörter am Baum
gemeinsam? Male an.

Ei Au Eu
ei au eu

Ich höre „ai" und
schreibe ei.

3 Male den Doppellaut ei in den
Wörtern vom Wörterbaum rot an.

4 Ei (1) oder ei (12)? Setze richtig ein.

l___cht   das B____n   l____se

____ns   dr____   kl____n   die Z____t

f____n   w____t   h____ßen   der ____mer

schn____den   arb____ten

das Bein

bleiben

dr

das Ei

eins

fein

klein

leicht

leise

weit

die Zeit

zwei

⑤ **Reime.**

heiß   weit   leise

w_____   br_____   die R_____

bleiben   die Eile   reich

schr_____   die Pf_____   w_____

der Reifen   heißen   leicht

pf_____   b_____   s_____

scheinen   drei   schneiden

w_____   der Br_____   l_____

reich   reisen   das Heim

gl_____   kr_____   der R_____

⑥ **Wo hörst du ei? Sprich laut und schreibe
zu den passenden Bildern Ei (1) oder ei (3).**

Jetzt geht's los:
Namenwörter
schreib' ich groß.

⑦ **Schreibe die Wörter mit Ei/ei von
Aufgabe 6 mit ihrem Begleiter auf.**

_____

_____

a und u werden zum Doppellaut au.

?! ① Welchen Doppellaut haben die Wörter vom Baum gemeinsam? Male an.

Ei   Au   Eu
ei   au   eu

② Male den Doppellaut au in den Wörtern vom Wörterbaum rot an.

 ③ Wo hörst du au? Sprich laut und schreibe zu den passenden Bildern Au (1) oder au (4).

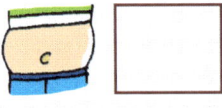   

④ Schreibe die Wörter mit Au/au von Aufgabe 3 mit ihrem Begleiter auf.

_____

_____

_____

das Au...
das Auto
der Bau...
bauen
der Bau...
blau
braun
die Haut
laut
das Kr...
die Rau...
schauen

5 Lies immer nur ein Wort ganz genau. Merke dir das Wort und decke es mit einem Blatt zu. Schreibe es auf. Überprüfe Buchstabe für Buchstabe.

die Haut		
das Kraut		
schauen		
braun		
blau		
das Auge		
das Haus		
laut		
bauen		

6 Setze richtig ein: Au (2) oder au (11).
Schreibe den Text in dein Heft ab.

Im B____ch der R____pe ist feines Kr____t.

____s der R____pe wird bald eine Puppe mit fester

H____t. Später schlüpft dar____s ein

Tagpf____en____ge her____s.

Die Flügel haben bl____e Flecken.

Die Flecken sehen wie ____gen ____s.   (34 Wörter)

?! **①** Was haben die Wörter im Baum gemeinsam?
Male an.

Ei   Au   Eu
ei   au   eu

Ich höre „oi" und
schreibe eu.

② Male den Doppellaut eu im
Wörterbaum rot an.

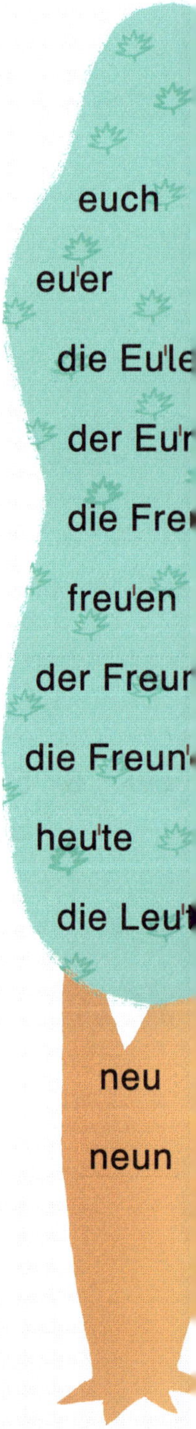

③ Schreibe zu den passenden Bildern Eu (2)
oder eu (3).

④ Schreibe die Namenwörter mit Eu/eu mit ihrem
Begleiter auf.

_____

_____

euch

eu'er

die Eu'le

der Eu'r

die Fre'

freu'en

der Freur

die Freun'

heu'te

die Leu'

neu

neun

14

① Schreibe die Wörter in Silben auf.

arbeiten	Raupe	freuen	Freunde	Freundinnen
schneiden	schauen	Europa	heißen	Aufgabe

ar-bei-ten _____

_____

_____

② Male in Aufgabe 1 jeden Selbstlaut (a, e, i, o, u) oder Doppellaut (ei, au, eu) gelb an.
Wie viele sind in einer Silbe jeweils versteckt?

In jeder Silbe versteckt sich _____

_____

③ Sprich die Wörter laut und füge den richtigen Doppellaut (Au/au, ei, eu) ein.

die L____ter   schn____den   br____n   das ____ge

die Fr____de   der B____ch   n____

④ Diktattext. Wie willst du heute üben?
Umkreise: .
Die Diktatformen sind auf Seite 2 erklärt.

Frau Baum arbeitet im Garten.
Eins, zwei, drei ist die Zeit um.
Heute ist noch eine Menge Unkraut für die Raupen da.
Die Raupen freuen sich.
(26 Wörter)

Höre ich ea oder a an Wortenden, muss ich meist -er verwenden!

Im Gartenteich
Die Kinder finden im Gartenteich einen Käfer.
Die dunklen Flügel haben einen gelben Rand.
Mit dem Hinterkörper holt er Luft.
Alle warten.
Da! Peter zeigt mit dem Finger.
Der Käfer fängt einen winzigen Fisch.

(36 Wörter)

Gelbrandkäfer

der Dezemb

das Fens

1 Schreibe den Text ab.
Tipps zum Abschreiben findest du auf Seite 2.

der Finger

2 Umkreise im Text alle er (9) und schreibe
jedes Wort ein Mal auf.

der Käfe

_____

_____

der Kalender

_____

der Körpe

3 Sprich deutlich und ergänze die Wortenden mit
e (4) oder er (10).

der
Novembe

Kalend____   Käf____   Has____   Mutt____

der Oktobe

Vat____   Kleid____   Blum____   Fing____

Fenst____   Pupp____   Wint____

das
Thermomet

Novemb____   Körp____   Ameis____

der Winte

16

4 Schreibe die passenden Wörter mit Großbuchstaben ins Wortgitter. Der Wörterbaum hilft dir.
Welchen Monat entdeckst du im fetten Rahmen?

1. vorletzter Monat im Jahr
2. der Mantel hält ihn warm
3. kälteste Jahreszeit
4. damit misst du die Temperatur
5. in diesem Monat ist Weihnachten
6. Krabbeltier mit sechs Beinen
7. du hast fünf davon an jeder Hand

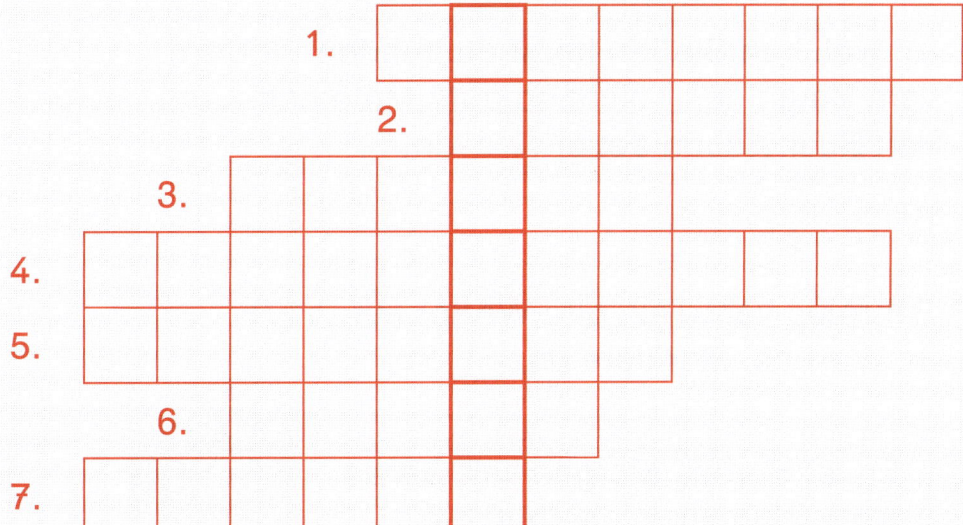

5 Bilde die Mehrzahl.

der Kalender   die _____

das Fenster   die _____

der Käfer   die _____

der Finger   die _____

das Ei   die _____

① Geheimschrift.
Schreibe die Wörter vom Wörterbaum.

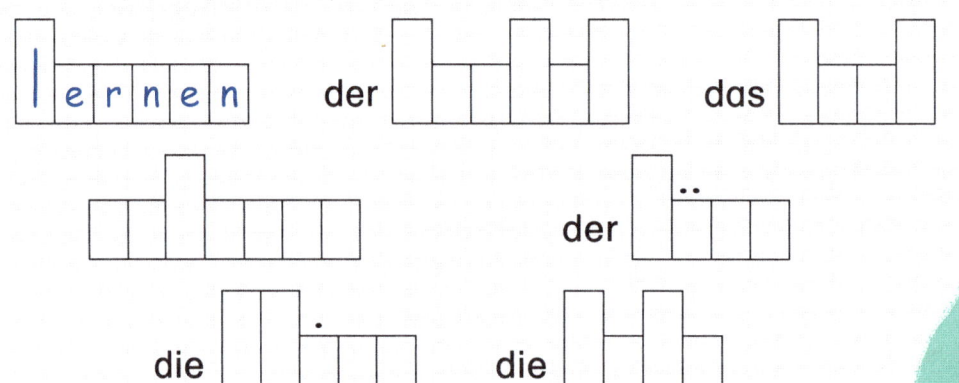

l e r n e n   der ☐☐☐☐   das ☐☐☐

② An welchen Stellen hörst du bei den Wörtern
vom Baum das r nicht so gut? Male das r und
den Buchstaben davor gelb an.

Beispiel: Eltern

③ Schreibe vom Text alle Wörter mit r (17)
im Wort ab. Markiere das r gelb.

Es ist Herbst. Morgen will Gerda
viele Blumenzwiebeln in die
schwarze Erde geben. Erst gestern hat sie
das von den Eltern gelernt. Wenn es an
Ostern wieder warm wird, werden im Garten
hundert Märzenbecher blühen.   (35 Wörter)

Herbst, morgen,
_____

_____

_____

die Elter
die Erde
gestern
der He
lernen
der März
morgen
schwarz
die Stirn
warm
warten
das Wo

4 Schreibe alle Wörter mit r in den Garten.

> Februar   Hund   gestern   Hals   Arm
> morgen   Donnerstag   arbeiten   Temperatur
> Januar   Seil   Birne   Leine   Garten   antworten

Februar

5 Ergänze die Reime.

Der Ofen, der warme, wärmt kalte A_____.

Eilig laufen Pferde über schwarze E_____.

Auf vielen Stirnen balancieren harte B_____.

In seinem Garten will Pepe auf dich w_____.

Er sucht viele Orte für seine guten W_____.

Bei Reisen zu den Sternen, kannst du viel l_____.

Ich habe sie gern, meine lieben Elt_____.

1 Die Wörter in der Baumkrone haben am Ende
jeweils zwei Buchstaben gemeinsam.
Welchen verschluckst du beim Sprechen leicht?
Male ihn immer gelb an.

Ich verschlucke beim Sprechen leicht das _____.

2 Male in jeder Silbe den Selbstlaut (a, e, i, o, u),
Umlaut (ä, ö, ü) oder Doppellaut (au, ei, eu) gelb
an. Schreibe die Wörter in Silben auf.

Genau **ein** Selbstlaut,
Umlaut oder Doppellaut
ist in jeder Silbe
eingebaut.

die Ampel   der Kreisel
der Nebel   der Beutel
die Windel   die Möbel
die Wurzel   der Flügel

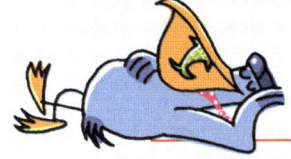

Am-pel, _____

_____

_____

3 Verbinde zu sinnvollen Sätzen.
Schreibe sie in deinem Heft auf.

Es ist   ist ein Igel.

Weißer Nebel   einen gelben Apfel.

Im Garten des Onkels   dunkel.

Er findet   steigt auf.

4 Male alle e die du nicht gut hörst, in dem Text
von Aufgabe 3 gelb an.
Male alle r die du nicht gut hörst, blau an.

die Ampe
der Apfe
dunkel
der Flü
der Igel
der Nebe
der Onke
die Wur
bewege
fanger
finden

1 Schreibe zu jedem Tunwort die passende Grundform.

er findet ___finden___   es fängt _____

sie scheint _____   er schläft _____

es bewegt _____

er bringt _____

> Die Grundform findest du leicht, indem du die wir-Form bildest:
> er findet – wir **finden**.
> Grundform: finden

?! **2** Welchen Laut verschluckst du beim Sprechen der Grundform leicht? Male ihn in Aufgabe 1 gelb an.

Ich höre den Laut _____ schlecht.

3 Verbinde die passenden Silben. Schreibe die Wörter.

sa   -fen   ru   sagen, rufen, _____
hel   hal   _____
sin -ten   fal
fra -gen   be   _____

4 Diktattext. Wie willst du heute üben?
Umkreise: 🖊, 𝒜𝒶, 〰, 👄, 👥, ✏.
Die Diktatformen sind auf Seite 2 erklärt.

Bald ist Winter.
Die Erde wird kalt.
Am Fenster ist ein Käfer.
Der Körper ist fast rund.
Er hat rote Flügel mit schwarzen Punkten.
Das Tierchen sucht einen warmen, dunklen Ort.

(31 Wörter)

Sprich b immer besonders weich.

Was kann das sein?
Es hat einen Rücken, doch keinen Bauch.
In ihm sind Blätter, in ihm blätterst du auch.
Gibst du mir dieses, dann leg ich mich hin
und lese und lese so gern darin.

(36 Wörter)

Lösung: Es ist ein _____.

⭐ **1** Schreibe den Text ab.
Tipps zum Abschreiben findest du auf Seite 2. ☆

das Bab...

baden

die Bir'n

die Blu...

die Blü...

der Bode...

böse

der Brude...

das Buc...

(2) Schreibe zu jedem Bild das passende Wort vom Wörterbaum.

_____

_____

_____

_____

_____

_____

_____

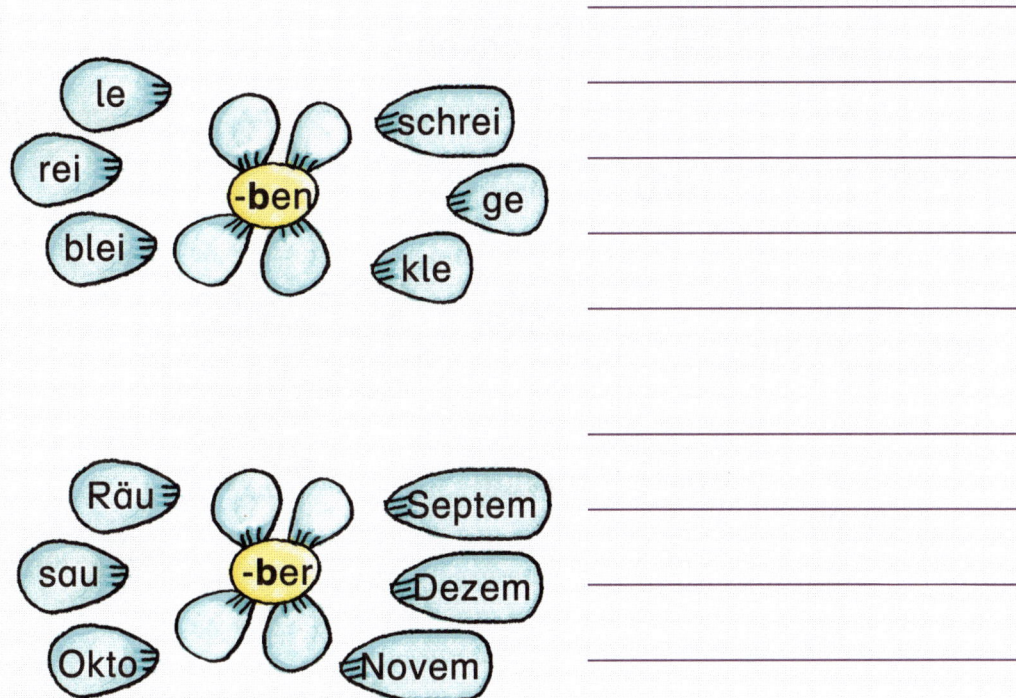

3 b am Silbenanfang!
Setze die Silben zusammen und schreibe auf.

le
rei
blei
-ben
schrei
ge
kle

_____

_____

_____

_____

_____

Räu
sau
Okto
-ber
Septem
Dezem
Novem

_____

_____

_____

_____

4 Setze B (8) oder b (7) ein.
Dann schreibe den Text in dein Heft ab.

Heute ha____e ich meine ____abypuppe ge____adet.

Da____ei wurde der ____oden nass.

Auf dem ____oden lagen ____lumen und ____lätter.

Mein ____ruder wollte sie trocknen.

Er ____raucht sie für sein ____lüten____uch.

Jetzt ist mein ____ruder ____öse auf mich.

Echt ____löd!

(38 Wörter)

1 Wörter mit D (4) oder d (4) am Anfang.
Schreibe sie.

das ___ach

___anken

die ___ose

d/D

___rei

der ___rache

___unkel

der ___aumen

___enken

das Dach

dan̕ken

der Dau̕men

den̕ken

doch

die Do̕se

_____

_____

_____

_____

2 Silbenrätsel. Setze die Puzzleteile sinnvoll
zusammen und schreibe.

Din   Dau

cken

cher

drü

Dä

men   ge

_____

_____

_____

_____

〰 ③ d am Silbenanfang!
Setze die Silben zusammen und schreibe.

re   fin

La   -den   ba

Fa   Bo

Stun   En   Er

-de   Wen

Pfer   Ban

_____

_____

_____

_____

_____

④ Mache nach jedem Wort einen Strich.
Schreibe die Unsinnssätze.

Drei|Dackeldackelndurch Dresden.

_____

DummeDamendenkendummeDinge.

_____

BrauneBraunbärenbesuchenblaueBlauwale.

_____

_____

① Verändere die Tunwörter.

gehen

ich   _gehe_

du   _____

er   _____

wir   _____

ihr   _____

geben

ich   _____

du   _gi_____

er   _gi_____

wir   _____

ihr   _____

② Findest du das Gegenteil?
Die Wörter vom Baum helfen dir.

krank   _____   klein   _____

böse   _____   nehmen   _____

③ Löse das Rätsel. Dann umkreise alle
16 Buchstaben, die du großschreiben musst.
Schreibe das Rätsel richtig in dein Heft.

DIESE VÖGEL SIND GROß UND LAUT.
GESICHT UND FEDERN SIND WEIß.
SIE GEHEN GERN, ABER NICHT GUT.
SIE FRESSEN GEMÜSE, GETREIDE UND
GRÜNES GRAS.
IHR LIEBLINGSESSEN SIND DIESE
WEIßEN BLÜMCHEN AUF DER WIESE.
DIE BLUMEN HEIßEN DESHALB AUCH

_____BLÜMCHEN.   (39 Wörter)

Lösung: Die Vögel heißen _____.

geben

gehen

gelb

das
Gemüse

das Gesi

gesund

groß

grün

gut

① Welche Anfangsbuchstaben passen? Setze richtig ein:
B/b, D/d, G/g.

die ____ecke   ____eige   der ____är

____lücklich   das ____old   ____öse

____reckig   ____eheim   ____ewegen

____ürfen   die ____ose   ____raben

② Ordne die Wörter vom Baum in die passende Zeile.

Namenwörter:

das _____   das _____

> Was können wir tun? Ein Tunwort antwortet uns nun. Wie ist es?, fragen wir. Ein Wiewort antwortet mir.

Tunwörter

wir _____   wir _____

Wiewörter _____, _____,

_____, _____, _____

3 Diktattext. Wie willst du heute üben?
Umkreise: ✏️, Aa, 〰️, 👄, 👫, 🧑‍🎤.
Die Diktatformen sind auf Seite 2 erklärt.

Denke nach!
Es ist ein großes, gutes, gesundes
Gemüse aus dem Garten.
Du findest es am Boden.
Es ist grün, lang und saftig und gut im Salat.

Es ist eine Gurke.   (32 Wörter)

Das Pferd
Tina malt auf schönes Papier ein großes Pferd.
Es steht zwischen grünen Pflanzen und trägt
einen Prinzen. Das Fell ist ganz
schwarz. Tina will so ein Pferd
haben und es gut pflegen.

(34 Wörter)

1 Schreibe den Text ab.
Tipps zum Abschreiben findest du auf Seite 2.

2 Male P/p im Wörterbaum rot an.

3 Halte deine flache Hand vor den Mund und
sprich einmal B und einmal P.
Wie spürst du B und P?

Ich spüre beim P
☐ die Luft stark.
☐ die Luft weich.

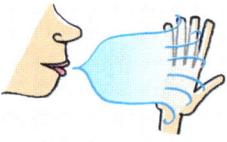

Ich spüre das B
☐ hart.
☐ weich.

4 Ordne die Wörter vom Baum nach der Anzahl
der Buchstaben in die Kästchen.

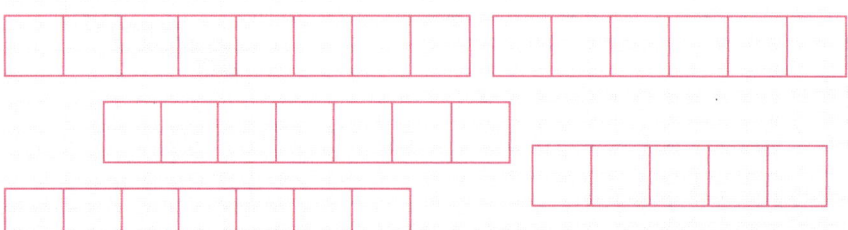

das Papier

das Pferd

die Pflanze

pflanzen

pflegen

5 Wo spürst du das harte P? Sprich deutlich und schreibe zu den passenden Bildern P (6).

6 Wo hörst du Pf/pf: am Anfang, in der Mitte oder am Schluss? Kreuze an.

7 B/b (5) oder P/p (5)? Sprich deutlich und spüre den Luftstrom bei P/p. Setze richtig ein und schreibe die Wörter.

___a___ier   ___ause   ___echer   ___ogen

___auch   ___aum   ___aket   ___uch   ___ost

_____

_____

_____

kontrolliert: ☐   29

1 Halte deine flache Hand vor den Mund und sprich einmal D und hart T. Wie spürst du D und T?

Ich spüre beim T
☐ die Luft stark.
☐ die Luft weich.

Ich spüre das D
☐ hart.
☐ weich.

2 Sprich deutlich und schreibe zu den passenden Bildern T (4).

3 Ergänze den Text mit T (6) oder t (3).
Schreibe ihn auf einem Blatt Papier ab.

_____ina will nicht _____urnen. Sie _____rinkt

_____ee. Ist sie krank? Das _____hermometer

zeigt eine hohe _____emperatur an.

Die Mutter _____rägt ihre _____ochter zum Sofa

und liest ihr aus dem _____aschenbuch vor.

(31 Wörter)

die Tasch
der Tee
das Tele
die Tempera
das Thermome
die Tochte
die Torte
tragen
trinken
turnen

30

4 Trage die Wörter vom Baum passend ein.
Verwende Großbuchstaben.

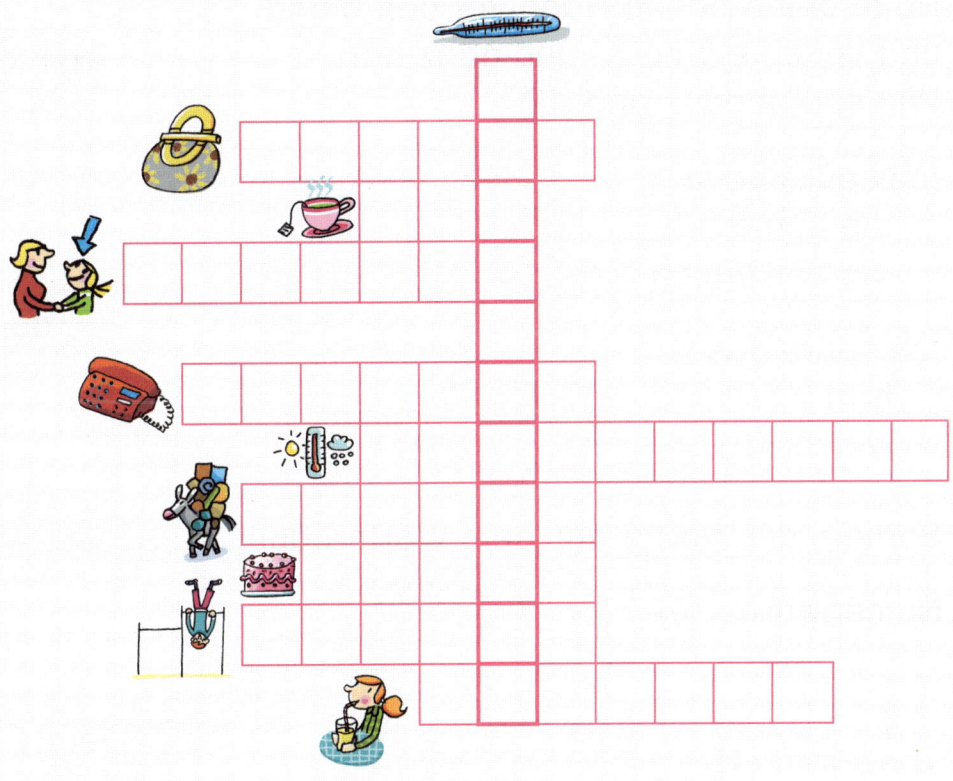

5 t oder d am Silbenanfang.
Setze die Silben richtig zusammen und schreibe die Wörter.

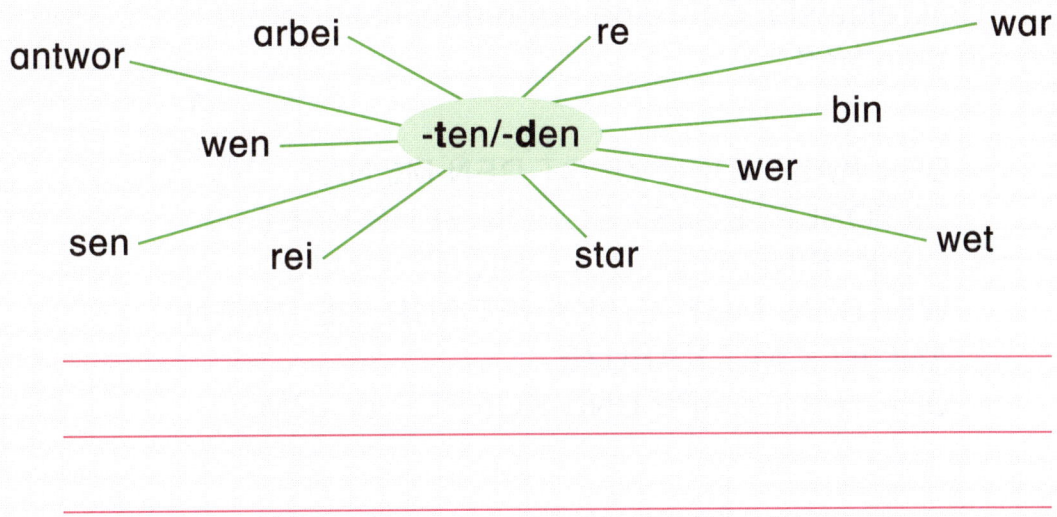

Ich spreche P, T, und das K besonders hart und spür es klar.

1 Male K/k im Wörterbaum rot an.

2 Halte deine flache Hand vor den Mund und sprich einmal G und ganz hart K. Wie spürst du G und K?

der Käfer

Ich spüre beim K
☐ die Luft stark.
☐ die Luft weich.

Ich spüre das G
☐ hart.
☐ weich.

der Kalender

kalt

3 Sortiere die Wörter aus dem Wörterbaum.

die Kälte

Namenwörter (5): _____

_____

Tunwörter (1): _____

Wiewörter (3): _____

kaufen

klein

der Kopf

4 Welche Buchstaben musst du großschreiben (13)? Umkreise sie. Schreibe dann den Text richtig in dein Heft.

der Körper

krank

1 Oktober

DER KALENDER ZEIGT DEN MONAT OKTOBER. ES IST SCHON SEHR KALT. DIE KLEINE TINA SOLL NICHT KRANK WERDEN. MUTTER KAUFT FÜR SIE EINEN ANORAK MIT KAPUZE. DER HÄLT KOPF UND KÖRPER WARM.

(32 Wörter)

Lösungen Diktat-Stars 1/2

(zum Heraustrennen die mittlere Klammer lösen)

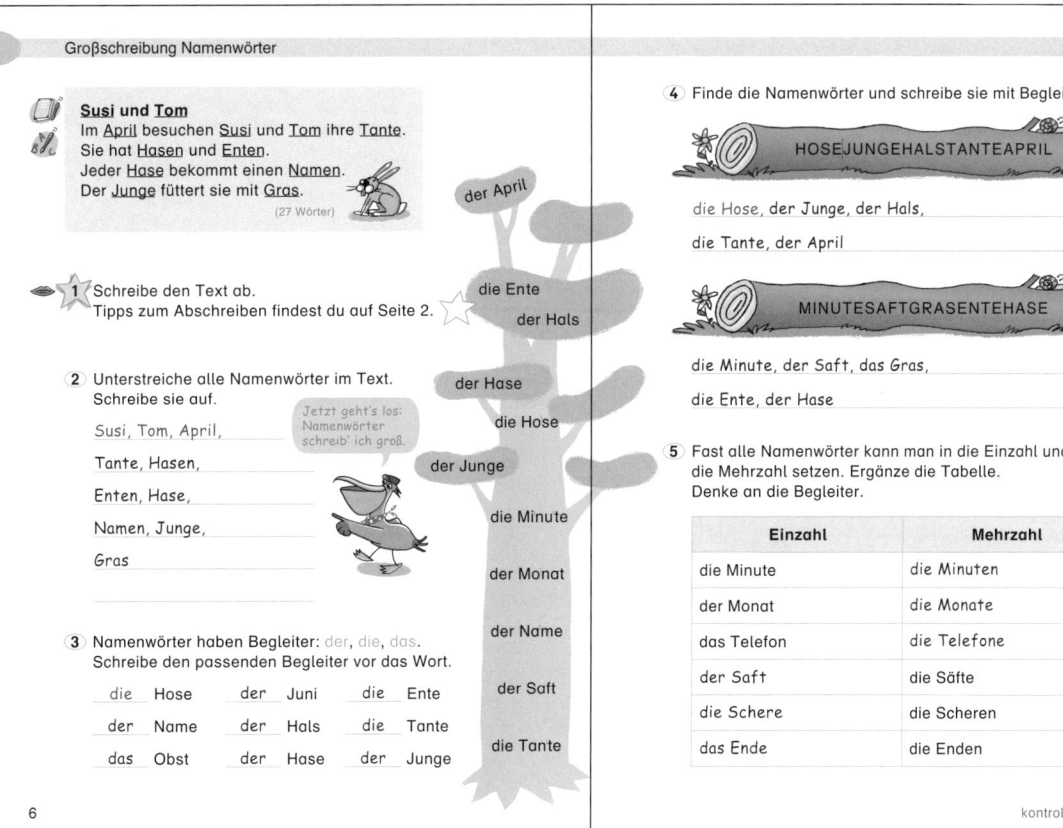

ABC

1 Trage die fehlenden Buchstaben des ABC ein.

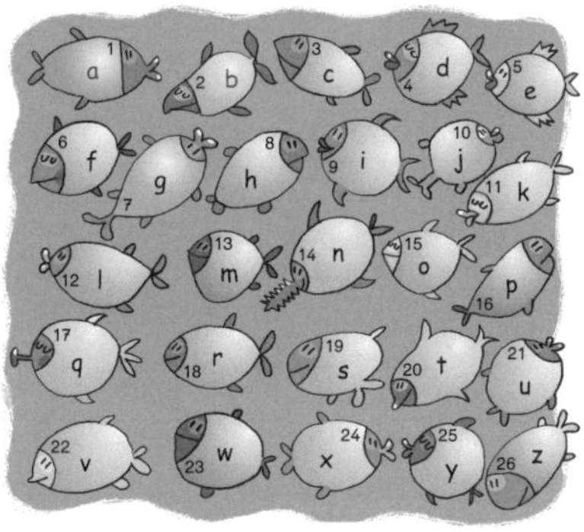

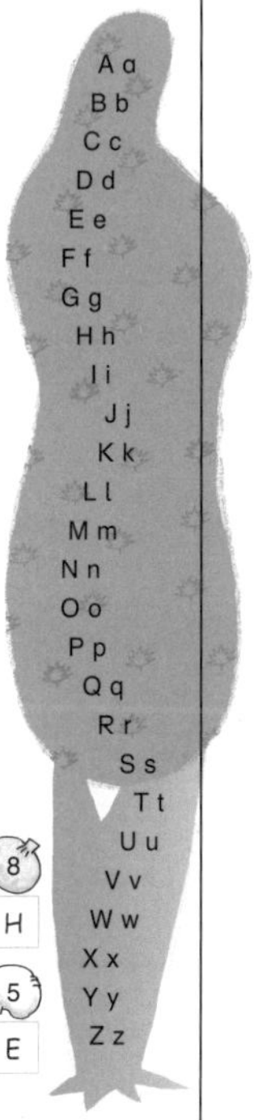

A a
B b
C c
D d
E e
F f
G g
H h
I i
J j
K k
L l
M m
N n
O o
P p
Q q
R r
S s
T t
U u
V v
W w
X x
Y y
Z z

2 Ordne den Zahlen die Buchstaben zu.
Schreibe in Großbuchstaben.
Findest du die Wörter?

19 5 5 19 20 5 18 14
S E E S T E R N

20 9 14 20 5 14 6 9 19 3 8
T I N T E N F I S C H

6 5 21 5 18 17 21 1 12 12 5
F E U E R Q U A L L E

4

Selbstlaute und Mitlaute

1 Manche Buchstaben klingen ganz von selbst.
Sie heißen Selbstlaute. Lies laut und male die
fünf Selbstlaute in den Buchstabenketten rot an.

Die Selbstlaute
a, e, i, o, u merk'
ich mir im Nu.

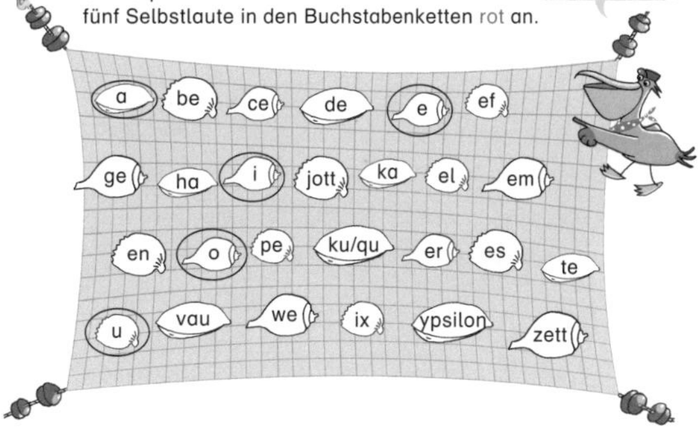

a be ce de e ef
ge ha i jott ka el em
en o pe ku/qu er es te
u vau we ix ypsilon zett

2 Buchstaben, die besser mit anderen Lauten klingen,
heißen Mitlaute. Male sie oben blau an.

3 In diesen Wörtern fehlen die Selbstlaute.
Schreibe das richtige Wort daneben. Die Bilder helfen dir.

Tsch   Tasche   Krkdl   Krokodil
Kchn   Kuchen   Tlfn   Telefon

4 Ersetze in den Wörtern einen Selbstlaut durch einen
anderen. Es entsteht ein neues Wort.

N$_u$del → Nadel   H$_o$nd → Hund

K$_e$rn → Korn $_E$ngel → Angel

kontrolliert: ☐   5

Großschreibung Namenwörter

Susi und Tom
Im April besuchen Susi und Tom ihre Tante.
Sie hat Hasen und Enten.
Jeder Hase bekommt einen Namen.
Der Junge füttert sie mit Gras.
(27 Wörter)

1 Schreibe den Text ab.
Tipps zum Abschreiben findest du auf Seite 2.

2 Unterstreiche alle Namenwörter im Text.
Schreibe sie auf.

Jetzt geht's los:
Namenwörter
schreib' ich groß.

Susi, Tom, April,
Tante, Hasen,
Enten, Hase,
Namen, Junge,
Gras

3 Namenwörter haben Begleiter: der, die, das.
Schreibe den passenden Begleiter vor das Wort.

die Hose   der Juni   die Ente
der Name   der Hals   die Tante
das Obst   der Hase   der Junge

der April
die Ente
der Hals
der Hase
die Hose
der Junge
die Minute
der Monat
der Name
der Saft
die Tante

6

4 Finde die Namenwörter und schreibe sie mit Begleiter auf.

HOSEJUNGEHALSTANTEAPRIL

die Hose, der Junge, der Hals,
die Tante, der April

MINUTESAFTGRASENTEHASE

die Minute, der Saft, das Gras,
die Ente, der Hase

5 Fast alle Namenwörter kann man in die Einzahl und in
die Mehrzahl setzen. Ergänze die Tabelle.
Denke an die Begleiter.

Einzahl	Mehrzahl
die Minute	die Minuten
der Monat	die Monate
das Telefon	die Telefone
der Saft	die Säfte
die Schere	die Scheren
das Ende	die Enden

kontrolliert: ☐   7

1 Kreise die Satzschlusszeichen: . ? ! gelb ein.

Susi und Tom gehen in den Zoo. Wo sind die
Elefanten? Sie fressen unter den Bäumen
Bananen und Gras. Dann trinken sie Wasser.
Vorsicht! Sie spritzen die Kinder nass.

(29 Wörter)

2 Was fällt dir nach den Satzschlusszeichen auf?

Nach Satzschlusszeichen schreibe ich   groß   .

3 Ordne die Purzelsätze und schreibe sie richtig auf.

gehen in den Zoo Die Kinder.

Die Kinder gehen in den Zoo.

die Elefanten du Findest?

Findest du die Elefanten?

ein Krokodil Da ist!

Da ist ein Krokodil!

4 In der Zeile stehen zwei Sätze. Setze nach jedem
Satz einen Punkt. Schreibe die Sätze richtig auf.

Tom besucht die Elefanten sie trompeten laut

Tom besucht die Elefanten.

Sie trompeten laut.

die Banane

der Elefant

das Kamel

trompeten

8

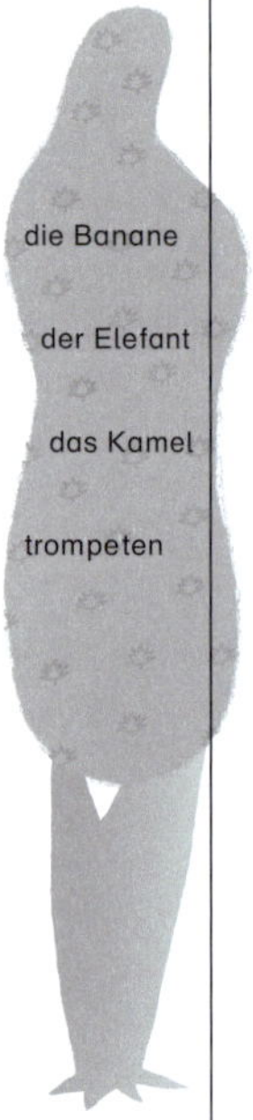

5 Bilde Sätze und schreibe sie auf.
Beginne mit den Wörtern bei der Giraffe.
Achte auf den Satzanfang!

Ich merke mir
bloß: Satzanfänge
schreibe ich groß!

sehen viele Tiere.

die Kinder
die Giraffe
ein Elefant
die Kamele

trompetet laut.

fressen Gras.

reckt ihren langen Hals.

Die Kinder sehen viele Tiere.

Die Giraffe reckt ihren langen Hals.

Ein Elefant trompetet laut.

Die Kamele fressen Gras.

6 Diktattext. Wie willst du heute üben?
Umkreise:
Die Diktatformen sind auf Seite 2 erklärt.

Susi und Tom besuchen die Tante.
Sie hat Hasen und Enten.
Hat die Tante Elefanten?
Nein.
Die Elefanten trompeten zu laut. (21 Wörter)

kontrolliert: ☐ 9

Raupen
Am Krautblatt kleben neun Eier.
Heute schlüpfen kleine Raupen heraus.
Jede hat 16 Beine.
Die Haut ist braun.
Sie bleiben einige Zeit und schauen nach
neuem, feinem Kraut. (29 Wörter)

1 Schreibe den Text ab.
Tipps zum Abschreiben findest du auf Seite 2.

2 Was haben die Wörter am Baum
gemeinsam? Male an.

Ei Au Eu
ei au eu

Ich höre „ai" und
schreibe ei.

3 Male den Doppellaut ei in den
Wörtern vom Wörterbaum rot an.

4 Ei (1) oder ei (12)? Setze richtig ein.

l_ei_cht   das B_ei_n   l_ei_se

_ei_ns   dr_ei_   kl_ei_n   die Z_ei_t

f_ei_n   w_ei_t   h_ei_ßen   der E_i_mer

schn_ei_den   arb_ei_ten

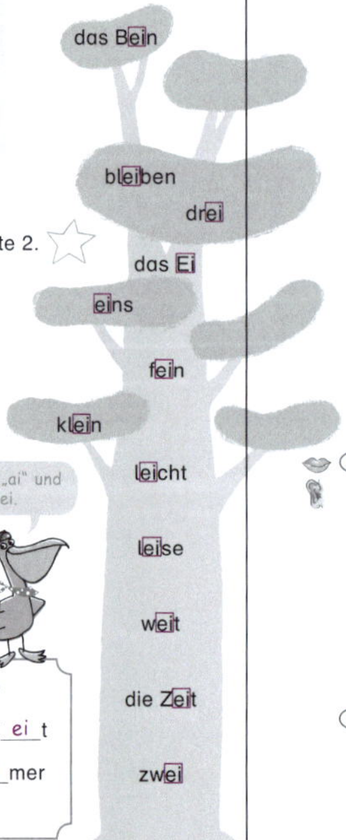

das Bein

bleiben

drei

das Ei

eins

fein

klein

leicht

leise

weit

die Zeit

zwei

5 Reime.

heiß	weit	leise
weiß	breit	die Reise
bleiben	die Eile	reich
schreiben	die Pfeile	weich
der Reifen	heißen	leicht
pfeifen	beißen	seicht
scheinen	drei	schneiden
weinen	der Brei	leiden
reich	reisen	das Heim
gleich	kreisen	der Reim

6 Wo hörst du ei? Sprich laut und schreibe
zu den passenden Bildern Ei (1) oder ei (3).

ei   Ei   ei

☐   ei   ☐

Jetzt geht's los:
Namenwörter
schreib' ich groß.

7 Schreibe die Wörter mit Ei/ei von
Aufgabe 6 mit ihrem Begleiter auf.

die Leine, das Eis,

das Seil, die Beine

10

kontrolliert: ☐ 11

?! ① Welchen Doppellaut haben die Wörter vom Baum gemeinsam? Male an.

Ei **Au** Eu
ei **au** eu

a und u werden zum Doppellaut au.

② Male den Doppellaut au in den Wörtern vom Wörterbaum rot an.

👄 ③ Wo hörst du au? Sprich laut und schreibe zu den passenden Bildern Au (1) oder au (4).

Au

au

au

au

au

au

④ Schreibe die Wörter mit Au/au von Aufgabe 3 mit ihrem Begleiter auf.

das Auto, der Baum, die Raupe,
der Bauch, die Braut

das Auge
das Auto
der Bauch
bauen
der Baum
blau
braun
die Haut
laut
das Kraut
die Raupe
schauen

⑤ Lies immer nur ein Wort ganz genau. Merke dir das Wort und decke es mit einem Blatt zu. Schreibe es auf. Überprüfe Buchstabe für Buchstabe.

die Haut		die Haut
das Kraut		das Kraut
schauen		schauen
braun		braun
blau		blau
das Auge		das Auge
das Haus		das Haus
laut		laut
bauen		bauen

👄 ⑥ Setze richtig ein: Au (2) oder au (11). Schreibe den Text in dein Heft ab.

Im B_au_ch der R_au_pe ist feines Kr_au_t.
_Au_s der R_au_pe wird bald eine Puppe mit fester
H_au_t. Später schlüpft dar_au_s ein
Tagpf_au_en _au_ge her_au_s.
Die Flügel haben bl_au_e Flecken.
Die Flecken sehen wie _Au_gen _au_s. (34 Wörter)

?! ① Was haben die Wörter im Baum gemeinsam? Male an.

Ei Au **Eu**
ei au **eu**

Ich höre „oi" und schreibe eu.

② Male den Doppellaut eu im Wörterbaum rot an.

👄 ③ Schreibe zu den passenden Bildern Eu (2) oder eu (3).

Eu

eu

eu

eu

Eu

④ Schreibe die Namenwörter mit Eu/eu mit ihrem Begleiter auf.

der Euro, die Eule, die Beule,
die Keule, die Freunde

euch
euer
die Eule
der Euro
die Freude
freuen
der Freund
die Freundin
heute
die Leute
neu
neun

〰 ① Schreibe die Wörter in Silben auf.

arbeiten Raupe freuen Freunde Freundinnen
schneiden schauen Europa heißen Aufgabe

ar-bei-ten, Rau-pe, freu-en, Freun-de,
Freun-din-nen, schnei-den, schau-en,
Eu-ro-pa, hei-ßen, Auf-ga-be

?! ② Male in Aufgabe 1 jeden Selbstlaut (a, e, i, o, u) oder Doppellaut (ei, au, eu) gelb an.
Wie viele sind in einer Silbe jeweils versteckt?

In jeder Silbe versteckt sich ein Selbstlaut oder
ein Doppellaut.

👄 ③ Sprich die Wörter laut und füge den richtigen Doppellaut (Au/au, ei, eu) ein.

die L_ei_ter schn_ei_den br_au_n das _Au_ge
die Fr_eu_de der B_au_ch n_eu_

⭐ ④ Diktattext. Wie willst du heute üben?
Umkreise: 📖, 🤚, 〰, ✏, 🙌, 🐛.
Die Diktatformen sind auf Seite 2 erklärt.

Frau Baum arbeitet im Garten.
Eins, zwei, drei ist die Zeit um.
Heute ist noch eine Menge Unkraut für die Raupen da.
Die Raupen freuen sich. (26 Wörter)

Höre ich ea oder a an Wortenden, muss ich meist -er verwenden!

Im Gartenteich
Die Kinder finden im Gartenteich einen Käfer.
Die dunklen Flügel haben einen gelben Rand.
Mit dem Hinterkörper holt er Luft.
Alle warten.
Da! Peter zeigt mit dem Finger.
Der Käfer fängt einen winzigen Fisch.

(36 Wörter)

Gelbrandkäfer

① Schreibe den Text ab.
Tipps zum Abschreiben findest du auf Seite 2.

② Umkreise im Text alle er (9) und schreibe jedes Wort ein Mal auf.

Kinder, Käfer, Hinterkörper,

er, Peter, Finger, der

_____

③ Sprich deutlich und ergänze die Wortenden mit e (4) oder er (10).

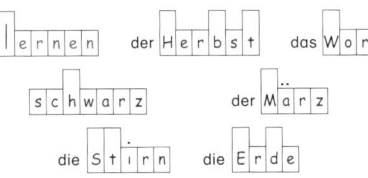

Kalender	Käfer	Hase	Mutter
Vater	Kleider	Blume	Finger
Fenster	Puppe	Winter	
November	Körper	Ameise	

Wörterbaum:
der Dezember
das Fenster
der Finger
der Käfer
der Kalender
der Körper
der November
der Oktober
das Thermometer
der Winter

④ Schreibe die passenden Wörter mit Großbuchstaben ins Wortgitter. Der Wörterbaum hilft dir.
Welchen Monat entdeckst du im fetten Rahmen?

1. vorletzter Monat im Jahr
2. der Mantel hält ihn warm
3. kälteste Jahreszeit
4. damit misst du die Temperatur
5. in diesem Monat ist Weihnachten
6. Krabbeltier mit sechs Beinen
7. du hast fünf davon an jeder Hand

1. N O V E M B E R
2. K Ö R P E R
3. W I N T E R
4. T H E R M O M E T E R
5. D E Z E M B E R
6. K Ä F E R
7. F I N G E R

⑤ Bilde die Mehrzahl.

der Kalender — die Kalender
das Fenster — die Fenster
der Käfer — die Käfer
der Finger — die Finger
das Ei — die Eier

---

① Geheimschrift.
Schreibe die Wörter vom Wörterbaum.

l e r n e n   der H e r b s t   das W o r t

s c h w a r z   der M ä r z

die S t i r n   die E r d e

② An welchen Stellen hörst du bei den Wörtern vom Baum das r nicht so gut? Male das r und den Buchstaben davor gelb an.

Beispiel: Eltern

③ Schreibe vom Text alle Wörter mit r (17) im Wort ab. Markiere das r gelb.

Es ist Herbst. Morgen will Gerda viele Blumenzwiebeln in die schwarze Erde geben. Erst gestern hat sie das von den Eltern gelernt. Wenn es an Ostern wieder warm wird, werden im Garten hundert Märzenbecher blühen.

(35 Wörter)

Herbst, morgen, Gerda, schwarz,

Erde, erst, gestern, Eltern, gelernt,

Ostern, wieder, warm, wird, werden,

Garten, hundert, Märzenbecher

Wörterbaum:
die Eltern
die Erde
gestern
der Herbst
lernen
der März
morgen
schwarz
die Stirn
warm
warten
das Wort

④ Schreibe alle Wörter mit r in den Garten.

Februar Hund gestern Hals Arm
morgen Donnerstag arbeiten Temperatur
Januar Seil Birne Leine Garten antworten

Februar gestern Arm
morgen Donnerstag Januar
arbeiten Birne
Temperatur Garten
antworten

⑤ Ergänze die Reime.

Der Ofen, der warme, wärmt kalte Arme.

Eilig laufen Pferde über schwarze Erde.

Auf vielen Stirnen balancieren harte Birnen.

In seinem Garten will Pepe auf dich warten.

Er sucht viele Orte für seine guten Worte.

Bei Reisen zu den Sternen, kannst du viel lernen.

Ich habe sie gern, meine lieben Eltern.

?! ① Die Wörter in der Baumkrone haben am Ende jeweils zwei Buchstaben gemeinsam.
Welchen verschluckst du beim Sprechen leicht?
Male ihn immer gelb an.

Ich verschlucke beim Sprechen leicht das __e__.

～ ② Male in jeder Silbe den Selbstlaut (a, e, i, o, u),
Umlaut (ä, ö, ü) oder Doppellaut (au, ei, eu) gelb an. Schreibe die Wörter in Silben auf.

> Genau **ein** Selbstlaut, Umlaut oder Doppellaut ist in jeder Silbe eingebaut.

die Ampel   der Kreisel
der Nebel   der Beutel
die Windel   die Möbel
die Wurzel   der Flügel

Am-pel, Ne-bel, Win-del,

Wur-zel, Krei-sel,

Beu-tel, Mö-bel, Flü-gel

～ ③ Verbinde zu sinnvollen Sätzen.
Schreibe sie in deinem Heft auf.

Es ist	ist ein Igel.
Weißer Nebel	einen gelben Apfel.
Im Garten des Onkels	dunkel.
Er findet	steigt auf.

④ Male alle e die du nicht gut hörst, in dem Text von Aufgabe 3 gelb an.
Male alle r die du nicht gut hörst, blau an.

die Ampel
der Apfel
dunkel
der Flügel
der Igel
der Nebel
der Onkel
die Wurzel

bewegen
fangen
finden

20

① Schreibe zu jedem Tunwort die passende Grundform.

er findet __finden__   es fängt __fangen__

sie scheint __scheinen__   er schläft __schlafen__

es bewegt __bewegen__

er bringt __bringen__

> Die Grundform findest du leicht, indem du die wir-Form bildest:
> er findet – wir **finden**.
> Grundform: finden

?! ② Welchen Laut verschluckst du beim Sprechen der Grundform leicht?
Male ihn in Aufgabe 1 gelb an.

Ich höre den Laut __e__ schlecht.

～ ③ Verbinde die passenden Silben. Schreibe die Wörter.

sa	-fen	ru	sagen, rufen, helfen, singen,
hel	-ten	hal	fragen, halten,
sin		fal	
fra	-gen	be	falten, beten

⭐ ④ Diktattext. Wie willst du heute üben?
Umkreise: ✏️, Ãₑ, ～, 👁, 👥, 🖌️.
Die Diktatformen sind auf Seite 2 erklärt.

Bald ist Winter.
Die Erde wird kalt.
Am Fenster ist ein Käfer.
Der Körper ist fast rund.
Er hat rote Flügel mit schwarzen Punkten.
Das Tierchen sucht einen warmen, dunklen Ort.

(31 Wörter)

Was kann das sein?
Es hat einen Rücken, doch keinen Bauch.
In ihm sind Blätter, in ihm blätterst du auch.
Gibst du mir dieses, dann leg ich mich hin
und lese und lese so gern darin.

(36 Wörter)

> Sprich b immer besonders weich.

Lösung: Es ist ein __Buch__.

✦ 1 Schreibe den Text ab.
Tipps zum Abschreiben findest du auf Seite 2. ☆

② Schreibe zu jedem Bild das passende Wort vom Wörterbaum.

baden   Birne

Blume   Buch

Blüte   böse

Baby   Boden

   Bruder

das Baby
baden
die Birne
die Blume
die Blüte
der Boden
böse
der Bruder
das Buch

～ ③ b am Silbenanfang!
Setze die Silben zusammen und schreibe auf.

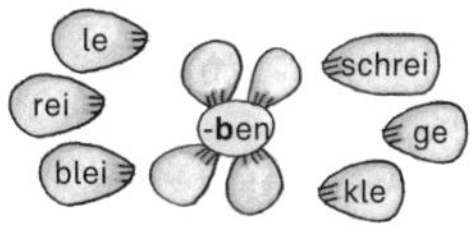

leben, reiben,

bleiben, schreiben,

geben, kleben

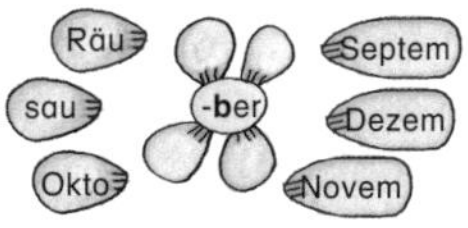

le   rei   blei   -ben   schrei   ge   kle

Räuber, sauber,

Oktober, September,

Dezember, November

Räu   sau   Okto   -ber   Septem   Dezem   Novem

✦ 4 Setze B (8) oder b (7) ein.
Dann schreibe den Text in dein Heft ab.

Heute ha_b_e ich meine _B_abypuppe ge_b_adet.

Da_b_ei wurde der _B_oden nass.

Auf dem _B_oden lagen _B_lumen und _B_lätter.

Mein _B_ruder wollte sie trocknen.

Er _b_raucht sie für sein _B_lüten_b_uch.

Jetzt ist mein _B_ruder _b_öse auf mich.

Echt _b_löd!

(38 Wörter)

22

① Wörter mit D (4) oder d (4) am Anfang.
Schreibe sie.

das D ach   d anken

die D ose   d/D   d rei

der D rache   d unkel

d enken   der D aumen

das Dach

danken

der Daumen

denken

doch

die Dose

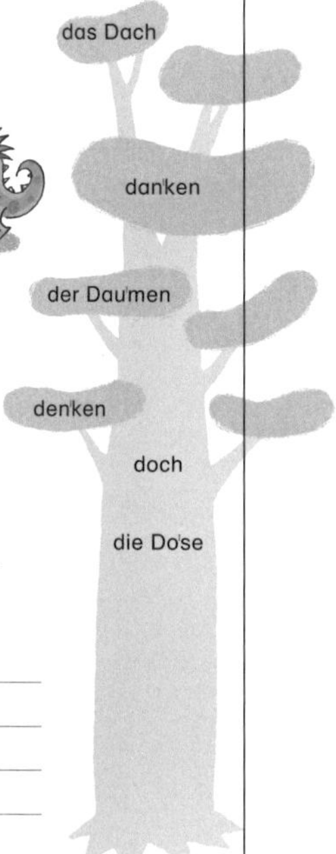

die Dose, das Dach,

danken, drei, dunkel,

der Drachen, denken,

der Daumen

② Silbenrätsel. Setze die Puzzleteile sinnvoll
zusammen und schreibe.

Din   Dau   cken   cher   Dä   drü   men   ge

Dinge

Dächer

drücken

Daumen

~ ③ d am Silbenanfang!
Setze die Silben zusammen und schreibe.

re   fin   En   Er   Stun   La   -den   ba   -de   Wen   Fa   Bo   Pfer   Ban

Laden, reden, finden, baden, Boden, Faden,

Stunde, Ende, Erde, Wende, Bande, Pferde

④ Mache nach jedem Wort einen Strich.
Schreibe die Unsinnssätze.

Drei|Dackel|dackeln|durch|Dresden.

Drei Dackel dackeln durch Dresden.

Dumme|Damen|denken|dumme|Dinge.

Dumme Damen denken dumme Dinge.

Braune|Braunbären|besuchen|blaue|Blauwale.

Braune Braunbären besuchen blaue Blauwale.

---

① Verändere die Tunwörter.

gehen		geben	
ich	gehe	ich	gebe
du	gehst	du	gibst
er	geht	er	gibt
wir	gehen	wir	geben
ihr	geht	ihr	gebt

② Findest du das Gegenteil?
Die Wörter vom Baum helfen dir.

krank   gesund   klein   groß

böse   gut   nehmen   geben

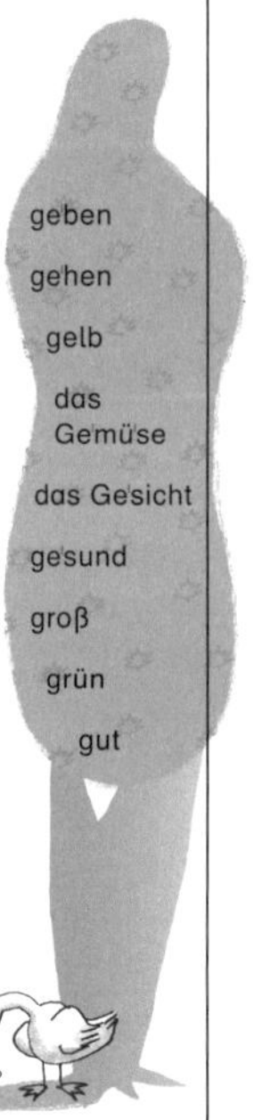

A a ③ Löse das Rätsel. Dann umkreise alle
16 Buchstaben, die du großschreiben musst.
Schreibe das Rätsel richtig in dein Heft.

DIESE VÖGEL SIND GROß UND LAUT.
GESICHT UND FEDERN SIND WEIß.
SIE GEHEN GERN, ABER NICHT GUT.
SIE FRESSEN GEMÜSE, GETREIDE UND
GRÜNES GRAS.
IHR LIEBLINGSESSEN SIND DIESE
WEIßEN BLÜMCHEN AUF DER WIESE.
DIE BLUMEN HEIßEN DESHALB AUCH

GÄNSE   BLÜMCHEN.   (39 Wörter)

Lösung: Die Vögel heißen   Gänse   .

geben
gehen
gelb
das
Gemüse
das Gesicht
gesund
groß
grün
gut

① Welche Anfangsbuchstaben passen? Setze richtig ein:
B/b, D/d, G/g.

die D ecke   G eige   der B är

g lücklich   das G old   b öse

d reckig   g eheim   b ewegen

d ürfen   die D ose   g raben

② Ordne die Wörter vom Baum in die passende Zeile.

Namenwörter:

das   Gemüse   das   Gesicht

Tunwörter

wir   geben   wir   gehen

Wiewörter   gelb   ,   gesund   ,

groß   ,   grün   ,   gut

Was können wir
tun? Ein Tunwort
antwortet uns nun.
Wie ist es?,
fragen wir.
Ein Wiewort
antwortet mir.

✶ ③ Diktattext. Wie willst du heute üben?
Umkreise: 🖊, A a, ~, 🖙, 👥, 🎯.
Die Diktatformen sind auf Seite 2 erklärt.

Denke nach!
Es ist ein großes, gutes, gesundes
Gemüse aus dem Garten.
Du findest es am Boden.
Es ist grün, lang und saftig und gut im Salat.
Es ist eine Gurke.   (32 Wörter)

Das Pferd

Tina malt auf schönes Papier ein großes Pferd. Es steht zwischen grünen Pflanzen und trägt einen Prinzen. Das Fell ist ganz schwarz. Tina will so ein Pferd haben und es gut pflegen.

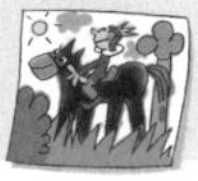

(34 Wörter)

1 Schreibe den Text ab.
Tipps zum Abschreiben findest du auf Seite 2.

2 Male P/p im Wörterbaum rot an.

3 Halte deine flache Hand vor den Mund und sprich einmal B und einmal P.
Wie spürst du B und P?

Ich spüre beim P
[x] die Luft stark.
[ ] die Luft weich.

Ich spüre das B
[ ] hart.
[x] weich.

4 Ordne die Wörter vom Baum nach der Anzahl der Buchstaben in die Kästchen.

p	f	l	a	n	z	e	n	P	a	p	i	e	r
		P	f	l	a	n	z	e					
	p	f	l	e	g	e	n		P	f	e	r	d

das Papier
das Pferd
die Pflanze
pflanzen
pflegen

5 Wo spürst du das harte P? Sprich deutlich und schreibe zu den passenden Bildern P (6).

6 Wo hörst du Pf/pf: am Anfang, in der Mitte oder am Schluss? Kreuze an.

7 B/b (5) oder P/p (5)? Sprich deutlich und spüre den Luftstrom bei P/p. Setze richtig ein und schreibe die Wörter.

P a p ier   P ause   B echer   B ogen

B auch   B aum   P aket   B uch   P ost

Papier, Pause, Becher, Bogen,

Bauch, Baum, Paket, Buch, Post

---

1 Halte deine flache Hand vor den Mund und sprich einmal D und hart T. Wie spürst du D und T?

Ich spüre beim T
[x] die Luft stark.
[ ] die Luft weich.

Ich spüre das D
[ ] hart.
[x] weich.

2 Sprich deutlich und schreibe zu den passenden Bildern T (4).

3 Ergänze den Text mit T (6) oder t (3). Schreibe ihn auf einem Blatt Papier ab.

_T_ ina will nicht _t_ urnen. Sie _t_ rinkt _T_ ee. Ist sie krank? Das _T_ hermometer zeigt eine hohe _T_ emperatur an. Die Mutter _t_ rägt ihre _T_ ochter zum Sofa und liest ihr aus dem _T_ aschenbuch vor.

(31 Wörter)

4 Trage die Wörter vom Baum passend ein. Verwende Großbuchstaben.

			T			
T	A	S	C	H	E	
			T	E	E	
T	O	C	H	T	E	R
			M			
T	E	L	E	F	O	N
	T	E	M	P	E	R	A	T	U	R
T	R	A	G	E	N	
T	O	R	T	E		
T	U	R	N	E	N	
	T	R	I	N	K	E	N

die Tasche
der Tee
das Telefon
die Temperatur
das Thermometer
die Tochter
die Torte
tragen
trinken
turnen

5 t oder d am Silbenanfang.
Setze die Silben richtig zusammen und schreibe die Wörter.

antwor   arbei   re   war
wen   -ten/-den   bin
sen   rei   star   wer   wet

antworten, arbeiten, reden, warten, binden, werden,

wetten, starten, reiten, senden, wenden

Ich spreche P, T, und das K besonders hart und spür es klar.

der Käfer

① Male K/k im Wörterbaum rot an.

② Halte deine flache Hand vor den Mund und sprich einmal G und ganz hart K. Wie spürst du G und K?

Ich spüre beim K
☒ die Luft stark.
☐ die Luft weich.

Ich spüre das G
☐ hart.
☒ weich.

③ Sortiere die Wörter aus dem Wörterbaum.

Namenwörter (5): Käfer, Kalender, Kälte,

Kopf, Körper

Tunwörter (1): kaufen

Wiewörter (3): kalt, krank, klein

④ Welche Buchstaben musst du großschreiben (13)? Umkreise sie. Schreibe dann den Text richtig in dein Heft.

DER KALENDER ZEIGT DEN MONAT
OKTOBER. ES IST SCHON SEHR KALT.
DIE KLEINE TINA SOLL NICHT KRANK
WERDEN. MUTTER KAUFT FÜR SIE EINEN
ANORAK MIT KAPUZE.
DER HÄLT KOPF UND KÖRPER WARM.

(32 Wörter)

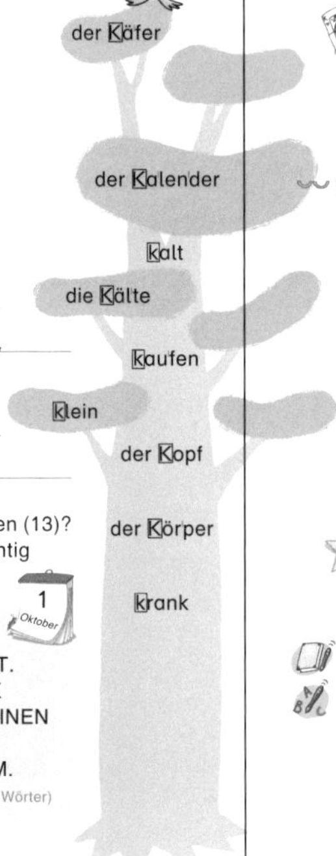

der Käfer
der Kalender
kalt
die Kälte
kaufen
klein
der Kopf
der Körper
krank

32

---

⑤ Wo spürst du das harte K (4)? Sprich deutlich und schreibe zu den passenden Bildern K.

K   K   [ ]   K

[ ]   K   [ ]

⑥ k oder g am Silbenanfang? Setze richtig zusammen und schreibe die Wörter.

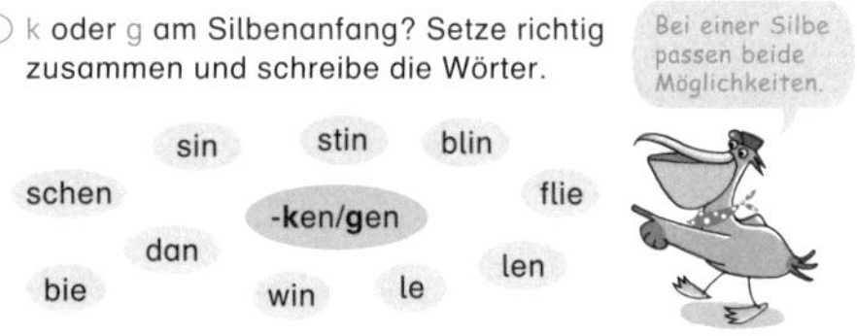

Bei einer Silbe passen beide Möglichkeiten.

sin   stin   blin
schen   -ken/gen   flie
dan
bie   win   le   len

schenken, singen, sinken, stinken, blinken, fliegen,

lenken, legen, winken, danken, biegen

⑦ Diktattext. Wie willst du heute üben?
Umkreise: 📖, Aa, 〰, 👁, 👥, ✍.
Die Diktatformen sind auf Seite 2 erklärt.

Tea hat einen roten Kopf.
Ihr Körper ist warm.
Sie ist krank.
Die Mutter gibt der Tochter einen gesunden Saft.
Tea trinkt.
Tina schenkt Tea ein Buch über Pferde.

(29 Wörter)

Hör ich nach dem Sch ein t, schreib ich meistens nur St/st.

Sport
Stefan startet los und springt über alle Steine. Dann spielt er zwei Stunden lang Fußball, bis er fast nicht mehr stehen kann. Jetzt ist Stefan hungrig und schafft eine ganze Schale Spagetti mit kleinen Gemüsestiften.

(36 Wörter)

① Schreibe den Text ab. Tipps zum Abschreiben findest du auf Seite 2.

② Die Wörter vom Baum haben etwas gemeinsam. Spure diese Buchstaben in jedem Wort farbig nach. Wie sprichst du die beiden Buchstaben?

Alle Wörter haben die Buchstaben st

gemeinsam. So spreche ich sie aus: scht .

③ Welche Wörter vom Baum sind oben im Text versteckt?
Male sie im Text grün an und schreibe sie auf.

Stunde, stehen, Stift

④ Welche Wörter bleiben übrig? Schreibe sie auf.

die Stange, der Stängel, staunen, steil

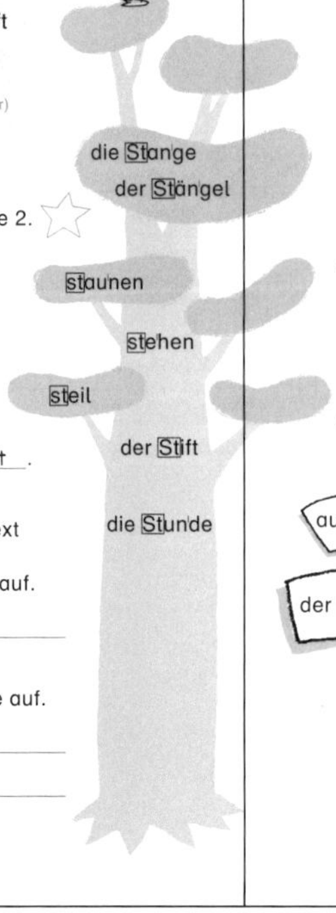

die Stange
der Stängel
staunen
stehen
steil
der Stift
die Stunde

34

---

⑤ Male jedes -t nach einer Lücke gelb an. Dann setze ein: Sch (4)/sch (2) oder S (4)/s (3).

der S tift   das Schiff   die Schlange   s türzen

s tehen   die Schürzen

der Schein   die S tange

der S tein   sch ön   sch auen   s taunen

der S tängel

⑥ Schreibe alle Wörter aus Aufgabe 5 mit St/st auf.

Stift, stehen, Stein, Stange, Stängel,

stürzen, staunen

⑦ Am Silbenanfang sch oder s? Setze richtig ein. Schreibe die Wörter.

auf s tehen   ab s tellen   der Blei s tift   die Turn s tange

der Blumen s tängel   die Schul s tunde   der Schaf s tall

aufstehen, abstellen, der Bleistift, die Turnstange,

der Blumenstängel, die Schulstunde, der Schafstall

① Die Wörter vom Baum haben etwas gemeinsam.
Male diese Buchstaben in jedem Wort rot an.
Wie **sprichst** du die beiden Buchstaben?

Ich spreche [x] sch-p ☐ s-p

② Streiche durch, was beim Schreiben
verschwindet. Dann schreibe die
Wörter richtig mit Sp oder sp auf.

> Hör ich nach dem
> sch ein p, schreib
> ich meistens nur
> Sp/sp.

der S̶c̶hport
die S̶c̶hpagetti   der S̶c̶hpitzer
der S̶c̶hpinat   s̶c̶hpielen
s̶c̶hspringen
s̶c̶hsprechen   s̶c̶hspucken

die Spagetti, der Sport, der Spitzer,

der Spinat, springen, spielen, sprechen,

spucken

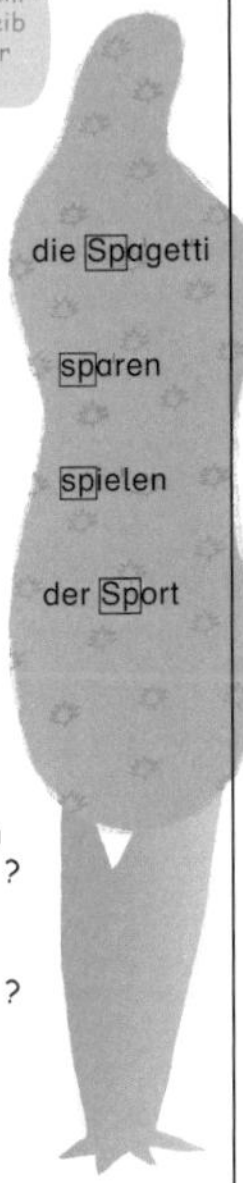

3 Kreuze an und schreibe die Sätze als Würfeldiktat.
Wie du ein Würfeldiktat schreibst, ist auf Seite 2
erklärt.

	ja	nein	
Ich mag kalte Spagetti.	☐	☐	?
Eine Stunde hat 59 Minuten.	☐	[x]	
Das Wort Stängel kommt von Stange.	[x]	☐	
Ich stehe sicher auf einem Bein.	☐	☐	?
Papier schneide ich mit dem Stift.	☐	[x]	
In der Sportstunde spielen und schlafen wir.	☐	[x]	

(Baum mit: die Spagetti, sparen, spielen, der Sport)

36

④ Male jedes -p nach der Lücke gelb an.
Setze ein: S (2)/s (3) oder Sch (1)/sch (2).

s̲ p̲ielen   s̲ p̲ucken   sch̲ lucken
sch̲ ielen   s̲ p̲itzen
der S̲ p̲atz   die Sch̲ ere   die S̲ p̲agetti

⑤ Schreibe alle Wörter mit Sp/sp aus Aufgabe 4 auf.

spielen, spucken, spitzen,

der Spatz, die Spagetti

⑥ Schreibe Sch (3) oder Sp (4) zu den passenden Bildern.

Sch   Sp   Sch   Sch
Sp   Sp   Sp

7 Diktattext. Wie willst du heute üben?
Umkreise: ✏️, Aa, 〰, 👄, 👥, 📖.
Die Diktatformen sind auf Seite 2 erklärt.

> Es ist Sportstunde.
> Die Kinder schreien, spielen oder springen herum.
> Ein Junge steigt an einer Stange steil hoch.
> Die Kinder stehen still und staunen.
> (24 Wörter)

Zu Fuß
Es ist April. Die Kinder gehen seit einer
Woche wieder zu Fuß zur Schule.
Die frische Frühlingsluft macht rote Ohren.
Zehn Minuten nach acht Uhr kommt Lisa
angesaust.
Unter einem blühenden Busch hat sie
zehn Cent gefunden.
(39 Wörter)

1 Schreibe den Text ab.
Tipps zum Abschreiben findest du auf Seite 2.

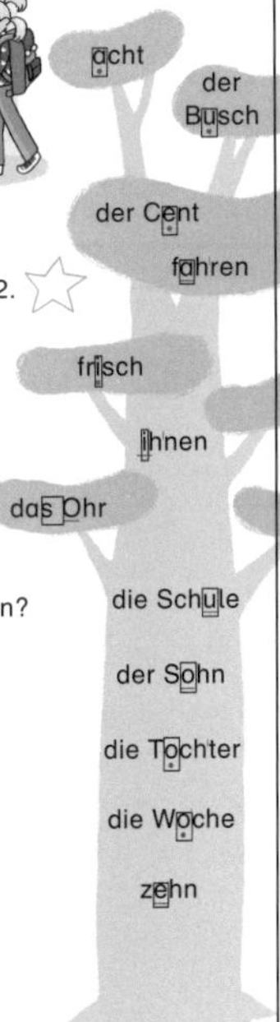

2 Sprich diese Selbstlaute einmal besonders
lang und einmal besonders kurz.

Selbstlaute: a̲   e̲ i̲ o̲ u̲
a̲   e̤ i̤ o̤ ṳ

3 Wie wird der markierte Selbstlaut gesprochen?
Lang oder kurz? Kreuze an.
Überlege: f a̲ hren oder f a̤ hren?

	lang	kurz
fahren	[x]	☐
acht	☐	[x]
zehn	[x]	☐
Cent	☐	[x]
Woche	☐	[x]
Ohr	[x]	☐
Schule	[x]	☐
Busch	☐	[x]

(Baum mit: acht, der Busch, der Cent, fahren, frisch, ihnen, das Ohr, die Schule, der Sohn, die Tochter, die Woche, zehn)

38

④ Langer oder kurzer Selbstlaut?
Sprich laut und ordne die Wörter.

(Wörter: Jahr, sehen, eng, zehn, Cent, Sohn, wohnen, fahren, rot, elf, Wolke, frisch, Stift, Busch)

langer Selbstlaut	kurzer Selbstlaut
sehen	eng
Jahr	Cent
zehn	elf
Sohn	frisch
wohnen	Stift
fahren	Busch
rot	Wolke

5 Diktattext. Wie willst du heute üben?
Umkreise: ✏️, Aa, 〰, 👄, 👥, 📖.
Die Diktatformen sind auf Seite 2 erklärt.

> Anton geht zu Fuß zur Schule.
> Heute zählt er acht, neun, zehn, elf,
> zwölf Büsche, die schon blühen!
> Welche Früchte werden aus den Blüten?
> Rote oder blaue?
> Anton will jede Woche nach ihnen sehen.
>
> (34 Wörter)

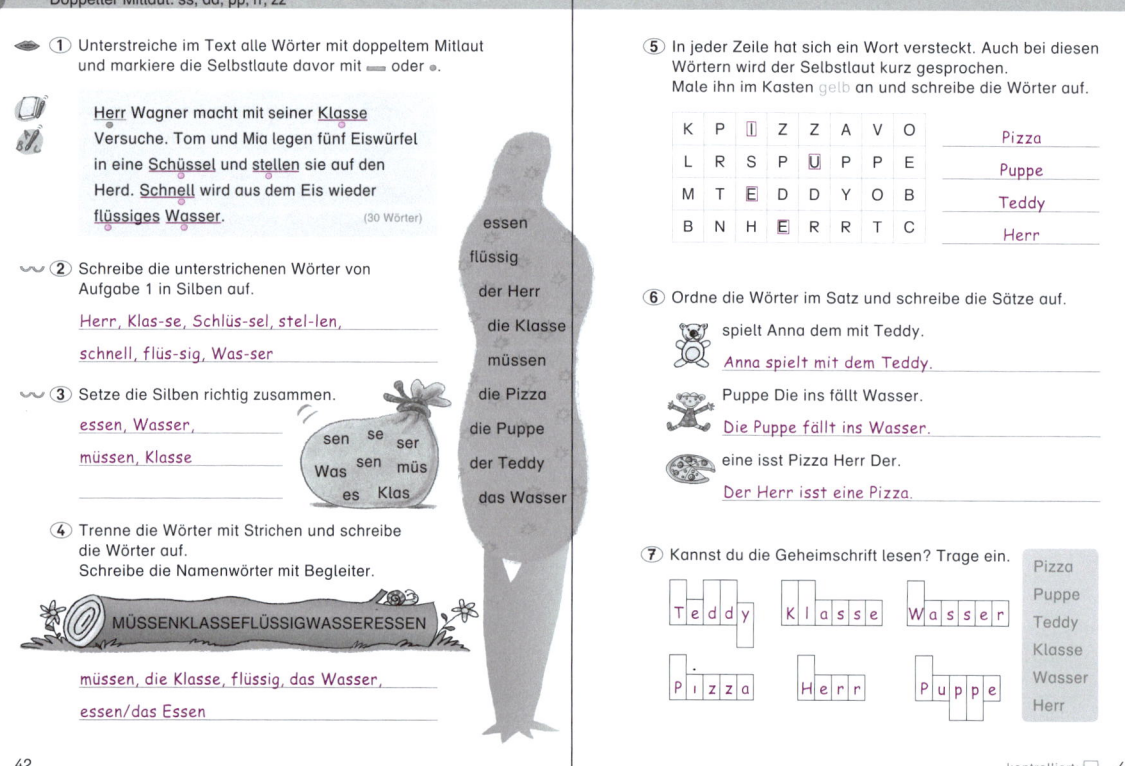

Sommer

Endlich ist Sommer. Die Sonne brennt vom
Himmel. Anna und Tommi kommen immer am
Donnerstag und Sonntag ins Schwimmbad.
Dort verkauft ein Mann Pommes.
Bei Regen bleiben die Kinder zu Hause in
ihrem Zimmer.

(35 Wörter)

1 Schreibe den Text ab.
Tipps zum Abschreiben findest du auf Seite 2.

2 Male alle doppelten Mitlaute in
den Wörtern im Wörterbaum rot an.

?! **3** Wird der Selbstlaut vor dem doppelten Mitlaut
kurz oder lang gesprochen? Überprüfe bei
den Wörtern vom Wörterbaum und setze
bei den Selbstlauten das richtige Zeichen ein
(— oder •).

Vor dem doppelten Mitlaut
klingt der Selbstlaut immer _____ kurz _____ .

4 Schreibe das Tunwort in der er-Form daneben
und markiere mit — oder •.

können – er _____ kann _____
rennen – sie _____ rennt _____
schwimmen – er _____ schwimmt _____
kommen – sie _____ kommt _____

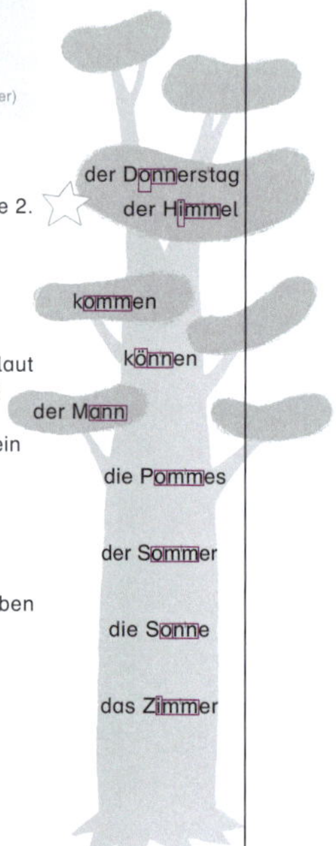

der Donnerstag
der Himmel
kommen
können
der Mann
die Pommes
der Sommer
die Sonne
das Zimmer

40

5 Entdecke die Trennregel.
Dann trenne und schreibe in Silben darunter.

kommen   können   Pommes
Sommer   Donner   Männer
Sonne   Zimmer   Himmel

kom-men, kön-nen, Pom-mes, Som-mer, Don-ner,

Män-ner, Son-ne, Zim-mer, Him-mel

6 Immer zwei Wörter sind miteinander verwandt.
Sie gehören zur gleichen Wortfamilie.
Färbe die passenden Kästchen in der gleichen Farbe
und schreibe die Wörter.

Mannschaft   himmelblau   Zimmer

Himmel   Sonntag   Sommerferien

Sommer   Sonne   Zimmertür   Männer

Mannschaft – Männer, Zimmertür – Zimmer,

himmelblau – Himmel, Sonntag – Sonne,

Sommerferien – Sommer

kontrolliert: ☐   41

---

1 Unterstreiche im Text alle Wörter mit doppeltem Mitlaut
und markiere die Selbstlaute davor mit — oder •.

Herr Wagner macht mit seiner Klasse
Versuche. Tom und Mia legen fünf Eiswürfel
in eine Schüssel und stellen sie auf den
Herd. Schnell wird aus dem Eis wieder
flüssiges Wasser.

(30 Wörter)

2 Schreibe die unterstrichenen Wörter von
Aufgabe 1 in Silben auf.

Herr, Klas-se, Schlüs-sel, stel-len,

schnell, flüs-sig, Was-ser

3 Setze die Silben richtig zusammen.

essen, Wasser,

müssen, Klasse

sen   se   ser
Was   sen   müs
es   Klas

4 Trenne die Wörter mit Strichen und schreibe
die Wörter auf.
Schreibe die Namenwörter mit Begleiter.

MÜSSENKLASSEFLÜSSIGWASSERESSEN

müssen, die Klasse, flüssig, das Wasser,

essen/das Essen

essen
flüssig
der Herr
die Klasse
müssen
die Pizza
die Puppe
der Teddy
das Wasser

42

5 In jeder Zeile hat sich ein Wort versteckt. Auch bei diesen
Wörtern wird der Selbstlaut kurz gesprochen.
Male ihn im Kasten gelb an und schreibe die Wörter auf.

K	P	I	Z	Z	A	V	O
L	R	S	P	Ü	P	P	E
M	T	E	D	D	Y	O	B
B	N	H	E	R	R	T	C

Pizza
Puppe
Teddy
Herr

6 Ordne die Wörter im Satz und schreibe die Sätze auf.

spielt Anna dem mit Teddy.

Anna spielt mit dem Teddy.

Puppe Die ins fällt Wasser.

Die Puppe fällt ins Wasser.

eine isst Pizza Herr Der.

Der Herr isst eine Pizza.

7 Kannst du die Geheimschrift lesen? Trage ein.

T e d d y   K l a s s e   W a s s e r

P i z z a   H e r r   P u p p e

Pizza
Puppe
Teddy
Klasse
Wasser
Herr

kontrolliert: ☐   43

1 Kreise im Text alle Wörter mit doppeltem Mitlaut (14) ein.

Mia (will) am (Mittwoch) ihren Geburtstag feiern. Sie holt (schnell) einen (Füller) und einige (Blätter) Papier. Auf (alle) Einladungen malt sie bunte (Schmetterlinge.) (Mutter) meint: „Bei schönem (Wetter) (könnt) ihr (Ball) spielen. (Wenn) ihr (wollt) koche ich euch (Spagetti)."

(39 Wörter)

2 Schreibe die eingekreisten Wörter aus Aufgabe 1 in Silben auf. Der Wörterbaum hilft dir.

will, Mitt-woch, schnell, Fül-ler,

Blät-ter, al-le, Schmet-ter-lin-ge,

Mut-ter, Wet-ter, könnt, Ball,

wenn, wollt, Spa-get-ti

3 Bei den folgenden Wörtern sind die Silben vertauscht. Schreibe sie richtig auf.

lenfal	fallen	lenstel	stellen
tenbit	bitten	lenrol	rollen
lenfül	füllen	lesal	alles

4 Schreibe zu jedem Tunwort die Grundform.

ihr sollt –	sollen	ihr wollt –	wollen
du brüllst –	brüllen	du bittest –	bitten
ich falle –	fallen	er rollt –	rollen

Wörterbaum:
alle
der Ball
bitten
das Blatt
der Füller
der Mittwoch
die Mutter
der Schmetterling
schnell
die Spagetti
das Wetter
wollen

---

5 Setze l (2) oder ll (6) ein.

A ll e Kinder wo ll en ein Eis. Mutter fü ll t es in eine Scha l e. Dann ste ll t sie es auf den Tisch. Schne ll essen die Kinder a ll es auf. Zum Dank ma l en sie Mutter ein schönes Bild.

(32 Wörter)

6 Kannst du die Geheimschrift lesen? Trage ein.

bitten   still   fällt   alles   stellen

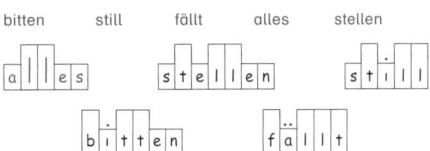
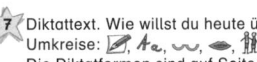

a	l	l	e	s
s	t	e	l	l	e	n
s	t	i	l	l
b	i	t	t	e	n
f	ä	l	l	t

7 Diktattext. Wie willst du heute üben?
Umkreise: [Symbole]
Die Diktatformen sind auf Seite 2 erklärt.

Mia hat Geburtstag.
Mit dem Füller schreibt sie die Einladungen auf einige Blätter Papier. Dann malt sie noch bunte Schmetterlinge darauf.
Alle Freunde wollen kommen.
Bei schönem Wetter können sie ins Schwimmbad gehen und Pommes essen.

(36 Wörter)

Das Unglück

Susis Wecker klingelt. Nach dem Frühstück radelt sie über eine Brücke an einer Hecke vorbei. Plötzlich saust ein Radler um die Ecke. Vor Schreck stürzt Susi vom Rad. Sie verletzt sich am Rücken. Zum Glück ist es nicht schlimm. Nur ihr Rock ist jetzt schmutzig.

(47 Wörter)

1 Schreibe den Text ab.
Tipps zum Abschreiben findest du auf Seite 2.

2 Male alle ck (10) im Text oben grün an.

3 Markiere den Selbstlaut/Umlaut vor dem ck: ▬ oder •.
Den Selbstlaut/Umlaut vor dem ck spreche ich immer _kurz_ .

4 Suche das verwandte Wort im Text.

Unglücksrabe –	Unglück
frühstücken –	Frühstück
Radiowecker –	Wecker
Hängebrücke –	Brücke
erschrecken –	Schreck
eckig –	Ecke
Buchrücken –	Rücken

Wörterbaum:
die Hecke
der Rock
der Rücken
der Zucker

Das ck ist ein Paar – unzertrennlich Jahr für Jahr.

5 Schreibe die Wörter aus dem Wörterbaum in Silben auf.

Rü-cken, He-cke,

Zu-cker, Rock

6 Schreibe zu jedem Rätsel das passende ck-Wort.

Was schmeckt süß? der ___Zucker___

Wohin bauen Vögel Nester? in die ___Hecke___

Was ziehen Mädchen manchmal an? einen ___Rock___

Wo trägst du den Rucksack? auf dem ___Rücken___

7 Wähle das richtige Wort aus.
Schreibe den vollständigen Satz auf.

Viele Büsche nebeneinander nennt man ... (Hecke)/Hacke.
Manche Mädchen tragen gerne ... (Röcke)/Stöcke.
Bei Pferden setzt man sich auf den ... Deckel/(Rücken)
In den Kaffee gebe ich zwei Stücke ... Socken/(Zucker)

Viele Büsche nebeneinander nennt man Hecke.

Manche Mädchen tragen gerne Röcke.

Bei Pferden setzt man sich auf den Rücken.

In den Kaffee gebe ich zwei Stücke Zucker.

① Unterstreiche alle Wörter mit tz rot und alle Wörter mit z grün.

Meine Katze ist ganz schwarz, nur die Spitze ihres Schwanzes ist weiß. Ihr Platz ist in der Küche. Hier sitzt sie oft und spielt mit einer Maus aus Holz. Manchmal macht sie einen Satz und hetzt durch das Haus. (39 Wörter)

Nach l, n, r – das merk dir ja – kommt nie tz und nie ck!

② Schreibe alle **Namen**wörter mit z und tz aus dem Text auf und setze sie in die Mehrzahl.

Einzahl	Mehrzahl
die Katze	die Katzen
die Spitze	die Spitzen
der Schwanz	die Schwänze
der Platz	die Plätze
das Holz	die Hölzer
der Satz	die Sätze

das Holz

die Katze

der Platz

der Schwanz

schwarz

sitzen

③ Zaubere neue Wörter. Füge je einen Mitlaut hinzu.

Spitze	Satz
Spritze	Spatz
sitzen	Latz
spitzen	Platz

Bei dieser Aufgabe brauchst du: 2×p, 1×P

④ Kannst du die Fragen beantworten? Der Text von Aufgabe 1 hilft dir.

Welches Tier ist schwarz? Die Katze.

Welcher Teil des Tieres ist weiß? Die Spitze ihres Schwanzes.

Was ist in der Küche? Ihr Platz.

Manchmal ist sie munter. Was tut sie dann? Sie macht einen Satz und hetzt durch das Haus.

⑤ Diktattext. Wie willst du heute üben? Umkreise:
Die Diktatformen sind auf Seite 2 erklärt.

Der Wecker klingelt.
Das Frühstück ist fertig.
Die Katze sucht sich einen warmen Platz.
Sie legt sich auf Susis Rock.
Plötzlich macht die Katze einen Satz und hetzt hinaus.
Sie flitzt um die Ecke und versteckt sich in der Hecke.
(40 Wörter)

48

Was Bienen am Dienstag gerne machen
Bienen fliegen am Dienstag siebenmal auf die Wiese. Diese Tiere lieben es, wenn sie von Herrn Zwiebel, dem Briefträger, vier auf honiggelbem Papier geschriebene Briefe serviert bekommen. (33 Wörter)

1 Schreibe den Text ab.
Tipps zum Abschreiben findest du auf Seite 2.

 2 Wie viele Wörter mit ie findest du im Text (mit Überschrift)? Umkreise sie gelb.

Es sind   19   Wörter mit ie.

3 Schreibe auf, was Pepe sieht. Markiere in deinen Sätzen alle ie.

Pepe sieht vier Tiere. Pepe sieht vier Bienen.

Pepe sieht sieben Zwiebeln.

Pepe sieht vier Briefe.

vier

sieben

die Biene

das Tier

die Zwiebel

der Brief

die Wiese

der Dienstag

das Papier

4 Schreibe alle Namenwörter aus dem Wörterbaum nach dem ABC geordnet mit ihrem Begleiter auf.

die Biene, der Brief, der Dienstag, das Papier,

das Tier, die Wiese, die Zwiebel

5 Bilde Sätze.
Denke an den Satzanfang und das Satzende.

Timo Briefe vier bekommt	Timo bekommt vier Briefe.
Wiese Bienen der sind auf sieben	Auf der Wiese sind sieben Bienen.
Papierflieger bastelt Pepe viele	Pepe bastelt viele Papierflieger.

Hör ich i besonders lang, hängt sich meist ein e daran: ie.

 6 Kreise die Bilder ein, in denen du ein langes i hörst. Du schreibst sie mit ie. Schreibe alle Wörter mit Begleiter auf.

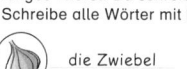 die Zwiebel

das Bild

 der Brief

 die Pizza

50

7 Setze die Tunwörter in die ich-Form und in die er-Form.

Grundform	ich ...	er ...
liegen	liege	liegt
fliegen	fliege	fliegt
lesen	lese	liest
lieben	liebe	liebt

8 Male in Aufgabe 7 alle ie gelb an: die gedruckten und die, die du selbst geschrieben hast.
Wie viele sind es?

Es sind ___10___ ie.

9 Welches Tunwort in Aufgabe 7 wird nur in der er-Form mit ie geschrieben? Schreibe es hier nochmals auf.

Lies genau und höre genau!

Grundform: ___lesen___

ich-Form: ___ich lese___

er-Form: ___er liest___

10 Kurzes i oder langes i?
Höre genau und setze ein: i oder ie.

M__i__t der Brille auf der Nase s__ie__ht er aus

w__ie__ ein Osterhase.

Mein Fl__ie__ger fl__ie__gt leider gar n__i__cht weit.

Hat T__i__m einen Br__ie__f geschr__ie__ben?

Ich l__ie__be d__ie__ P__i__zza, die du mir serv__ie__rt hast!

fliegen

lesen – liest

lieben

liegen

---

11 ie-Rätsel. Welche Wörter passen?

```
        B R I E F
        R
  Z W I E B E L
    L I E B E
      F L I E G E
D I E N S T A G
      R
      Ä
    L I E G E
S I E B E N
      R
```

12 Diktattext. Wie willst du heute üben?
Umkreise:
Die Diktatformen sind auf Seite 2 erklärt.

Ich liebe alle Tiere.
Am Dienstag hat unsere Katze sieben Junge bekommen.
Sie liegen eng bei der Mutter.
Auch Bienen habe ich lieb.
Sie fliegen oft zu unserer Wiese und besuchen die Blumen.
Das ist die Arbeit der Bienen.

(39 Wörter)

Es ist kalt
Im Monat September ist es am <u>Abend</u> schon oft sehr kalt.
Der <u>Wind</u> weht über das <u>Feld</u>.
Das <u>Kind</u> geht mit dem <u>Hund</u> spazieren.
Es hat nur ein <u>Kleid</u> an und friert.

(35 Wörter)

1 Schreibe den Text ab.
Tipps zum Abschreiben findest du auf Seite 2.

2 Welche Wörter aus dem Wörterbaum findest du im Text? Unterstreiche sie.

3 Was haben die unterstrichenen Wörter gemeinsam?

___Sie enden auf –d.___

4 d oder t? Setze richtig ein. Die Mehrzahl hilft dir.

Das Klei__?__ die ___Kleider___ → das Klei__d__

Das Fel__?__ die ___Felder___ → das Fel__d__

Der Saf__?__ die ___Säfte___ → der Saf__t__

Der Aben__?__ die ___Abende___ → der Aben__d__

Das Bil__?__ die ___Bilder___ → das Bil__d__

der Abend
die Bank
das Bild
das Feld
das Geld
die Hand
der Hund
das Kind
das Kleid
der Mund
der Schrank
der Wind

---

5 Bilde wieder die Mehrzahl und höre genau. Dann kannst du sicher bestimmen, ob g oder k am Wortende steht.

→ ___Bänke___ → Ban__k__

→ ___Wege___ → We__g__

→ ___Züge___ → Zu__g__

→ ___Schränke___ → Schran__k__

→ ___Könige___ → Köni__g__

Wenn du die Wörter in die Mehrzahl setzt, kannst du das weiche g hören.

6 Setze passende Wörter aus dem Wörterbaum ein.

Der ___Wind___ weht die Wolken weg.

Kannst du mir ___Geld___ für ein Eis geben?

Ich bin müde und setze mich auf die ___Bank___ .

Ich hänge das ___Bild___ an die Wand.

Mit der ___Hand___ steckt das ___Kind___ die Nuss

in den ___Mund___ .

Auf dem ___Feld___ wächst das Getreide.

7 Übe den Text von Aufgabe 6 als Würfeldiktat.
Wie du ein Würfeldiktat schreibst, ist auf Seite 2 erklärt.

⑧ Im Wörterbaum findest du Namenwörter und Wiewörter. Unterstreiche die Wiewörter.

⑨ Wie kannst du diese Wiewörter verlängern?

Die Dame ist al_t_. → die _alte_ Dame

Das Auto ist lau_t_. → das _laute_ Auto

Die Nuss ist har_t_. → die _harte_ Nuss

Das Kleid ist wei_t_. → das _weite_ Kleid

Der Schnee ist kal_t_. → der _kalte_ Schnee

⑩ Die Namenwörter aus dem Wörterbaum kannst du selbst verlängern.

der Stift	– die Stifte
das Gesicht	– die Gesichter
das Licht	– die Lichter
die Frucht	– die Früchte
der Ast	– die Äste
das Brot	– die Brote
die Nacht	– die Nächte
der Saft	– die Säfte
der Monat	– die Monate
die Zeit	– die Zeiten

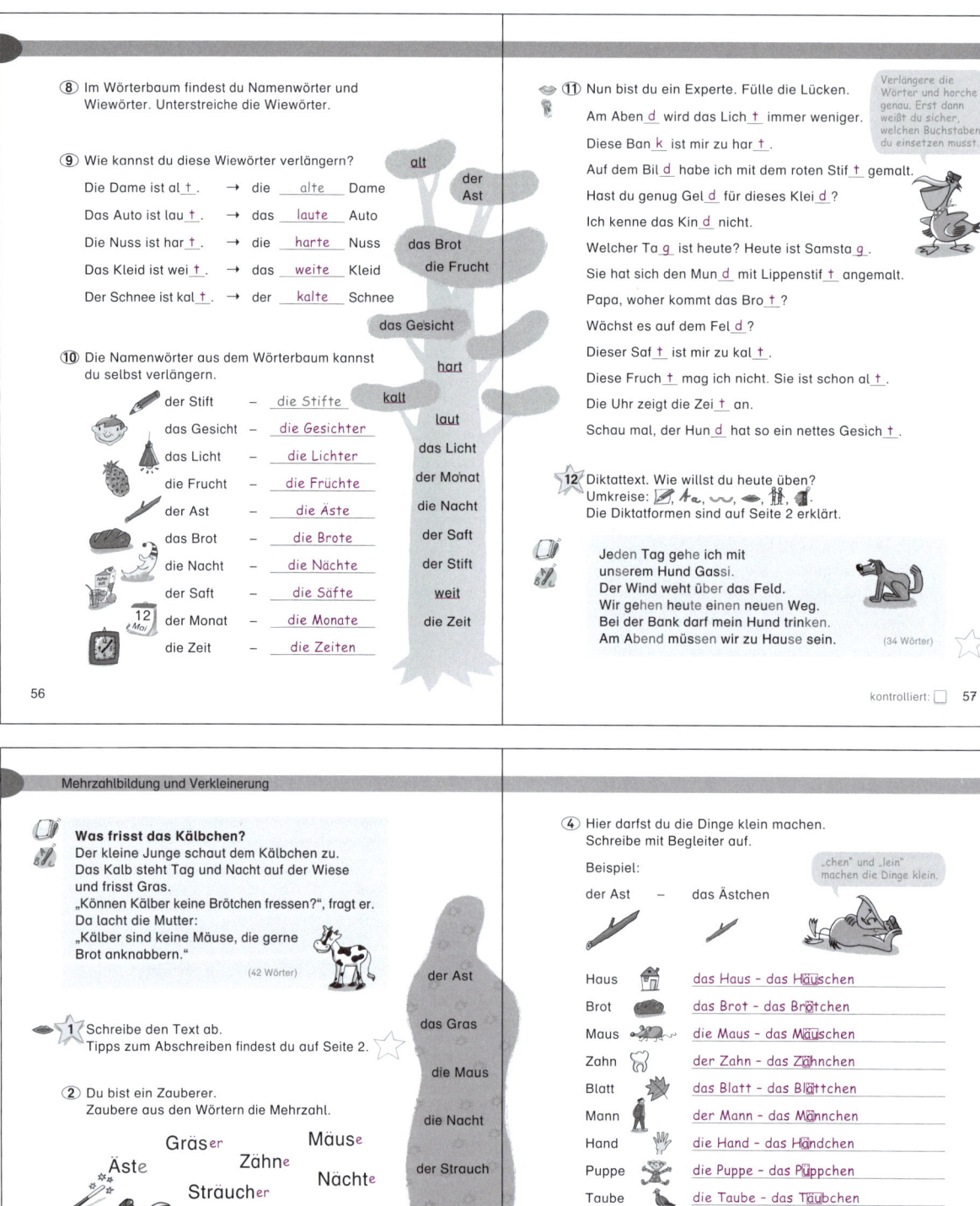

Wörterbaum: alt · der Ast · das Brot · die Frucht · das Gesicht · hart · kalt · laut · das Licht · der Monat · die Nacht · der Saft · der Stift · weit · die Zeit

⑪ Nun bist du ein Experte. Fülle die Lücken.

Verlängere die Wörter und horche genau. Erst dann weißt du sicher, welchen Buchstaben du einsetzen musst.

Am Aben_d_ wird das Lich_t_ immer weniger.

Diese Ban_k_ ist mir zu har_t_.

Auf dem Bil_d_ habe ich mit dem roten Stif_t_ gemalt.

Hast du genug Gel_d_ für dieses Klei_d_?

Ich kenne das Kin_d_ nicht.

Welcher Ta_g_ ist heute? Heute ist Samsta_g_.

Sie hat sich den Mun_d_ mit Lippenstif_t_ angemalt.

Papa, woher kommt das Bro_t_?

Wächst es auf dem Fel_d_?

Dieser Saf_t_ ist mir zu kal_t_.

Diese Fruch_t_ mag ich nicht. Sie ist schon al_t_.

Die Uhr zeigt die Zei_t_ an.

Schau mal, der Hun_d_ hat so ein nettes Gesich_t_.

⑫ Diktattext. Wie willst du heute üben? Umkreise: 📖 ✏ 〰 👄 🚶 🖊. Die Diktatformen sind auf Seite 2 erklärt.

Jeden Tag gehe ich mit unserem Hund Gassi. Der Wind weht über das Feld. Wir gehen heute einen neuen Weg. Bei der Bank darf mein Hund trinken. Am Abend müssen wir zu Hause sein. (34 Wörter)

Mehrzahlbildung und Verkleinerung

Was frisst das Kälbchen?
Der kleine Junge schaut dem Kälbchen zu.
Das Kalb steht Tag und Nacht auf der Wiese und frisst Gras.
„Können Kälber keine Brötchen fressen?", fragt er.
Da lacht die Mutter:
„Kälber sind keine Mäuse, die gerne Brot anknabbern."
(42 Wörter)

① Schreibe den Text ab.
Tipps zum Abschreiben findest du auf Seite 2.

② Du bist ein Zauberer.
Zaubere aus den Wörtern die Mehrzahl.

Gräs**er** Mäus**e**
Äst**e** Zähn**e**
Nächt**e**
Sträuch**er**

Bilde ich die Mehrzahl, wird oft aus einem a ein ä und aus au ein äu.

③ Schreibe aus dem Text oben alle Namenwörter heraus, die in der Mehrzahl stehen.

die Kälber, die Brötchen,

die Mäuse

Wörter: der Ast · das Gras · die Maus · die Nacht · der Strauch · der Zahn

④ Hier darfst du die Dinge klein machen.
Schreibe mit Begleiter auf.

„chen" und „lein" machen die Dinge klein.

Beispiel:

der Ast – das Ästchen

Haus	das Haus – das Häuschen
Brot	das Brot – das Brötchen
Maus	die Maus – das Mäuschen
Zahn	der Zahn – das Zähnchen
Blatt	das Blatt – das Blättchen
Mann	der Mann – das Männchen
Hand	die Hand – das Händchen
Puppe	die Puppe – das Püppchen
Taube	die Taube – das Täubchen

⑤ Male die Umlaute in der Verkleinerung gelb an.
Was ändert sich?

Aus a wird _ä_, aus au wird _äu_.

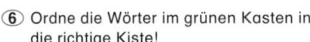

Manche Wörter passen in mehrere Kisten!

6 Ordne die Wörter im grünen Kasten in die richtige Kiste!

Brot	Mäuse	Kühe	Nacht	Zahn
Mutter	Zähne	Maus	Äste	Gras
Strauch	Nächte	Brote		Kälbchen
Kalb	Ast	Sträucher		Mütter
Brötchen	Kuh	Mäuslein		Gräser

Einzahl
Brot, Strauch, Kalb, Ast, Kuh, Kälbchen, Nacht, Zahn, Mutter, Maus, Gras, Brötchen, Mäuslein

Mehrzahl
Mäuse, Kühe, Zähne, Äste, Nächte, Brote, Gräser, Sträucher, Mütter, Kälbchen, Brötchen, Mäuslein

Verkleinerung
Mäuslein, Kälbchen, Brötchen

der Ast

das Gras

die Kuh

die Maus

die Nacht

der Strauch

der Zahn

?! 7 Kannst du es erklären?

Warum schreibt man Häuser mit äu?
Weil man Haus mit au schreibt.

Warum schreibt man Nächte mit ä?
Weil man Nacht mit a schreibt.

Warum schreibt man Blättchen mit ä?
Weil man Blatt mit a schreibt.

Warum schreibt man Zähne mit ä?
Weil man Zahn mit a schreibt.

Warum schreibt man Sträucher mit äu?
Weil man Strauch mit au schreibt.

8 Diktattext. Wie willst du heute üben?
Umkreise: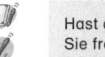
Die Diktatformen sind auf Seite 2 erklärt.

Hast du die Kälbchen gesehen?
Sie fressen Blätter von den Ästen.
In der Nacht huschen die Mäuschen in die Häuser.
Sie wollen keine Gräser, sie wollen Würstchen und Brötchen.
Mit den kleinen Zähnchen fressen sie schnell.

(36 Wörter)

60

kontrolliert: ☐ 61

Merkwörter

 Im Winter
Lisas Vater arbeitet beim Winterdienst.
Wenn der erste Schnee fällt, streut er Salz.
So wird der Verkehr nicht behindert.
Im Park füttert er in der Pause die Vögel mit Vogelfutter.
Bei der Arbeit ist ihm oft kalt, deshalb hat er Tee dabei.

(44 Wörter)

1 Schreibe den Text ab.
Tipps zum Abschreiben findest du auf Seite 2.

2 Schreibe die Wörter mit V auf!

V
- ater → _Vater_
- erkehr → _Verkehr_
- ogel → _Vogel_

3 Setze das Tunwort versuchen in der richtigen Form ein.

Die Plätzchen sehen lecker aus.

Lisa _versucht_ eins davon.

Ich kann nicht so gut Sterne basteln.

Trotzdem _versuche_ ich es.

Gestern hatten wir einen großen Streit.

Versuchen wir, uns zu vertragen?

der Vater
der Verkehr
der Vogel
versuchen
vier
die Hexe
das Lexikon
quaken
das Quadrat
der Mai

4 Füge die Wörter vom Baum passend in die Lücken.

Die _H e x e_ liest in ihrem _L e x i k o n_.

Der Frosch _q u a k t_ und hüpft in den See.

Im _M a i_ blühen viele Blumen.

Ein _Q u a d r a t_ hat vier Ecken.

(24 Wörter)

5 Schreibe die Sätze als Würfeldiktat.
Wie du ein Würfeldiktat schreibst, ist auf Seite 2 erklärt.

⚅ Was die kleine Hexe alles zaubert!
⚅ Vater quakt ein Lied.
⚅ Im Mai fällt grüner Schnee.
⚅ Der Vogel liest im Lexikon.
⚅ Der Frosch versucht zu sprechen.
⚅ Der Verkehr fährt im Quadrat.

6 Finde die Wörter in der Wörterschlange.
Trenne sie mit Strichen ab und schreibe die Wörter nach dem ABC geordnet auf.

Hexe, Lexikon, Mai, Quadrat, quaken, Vater,

Verkehr, versuchen, vier, Vogel

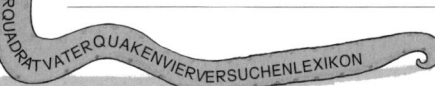

MANVOGELHEXEVERKEHRQUADRATVATERQUAKENVIERVERSUCHENLEXIKON

62

kontrolliert: ☐ 63

⑦ Schreibe die Wörter vom Baum richtig auf.
Male die doppelten Selbstlaute gelb an.

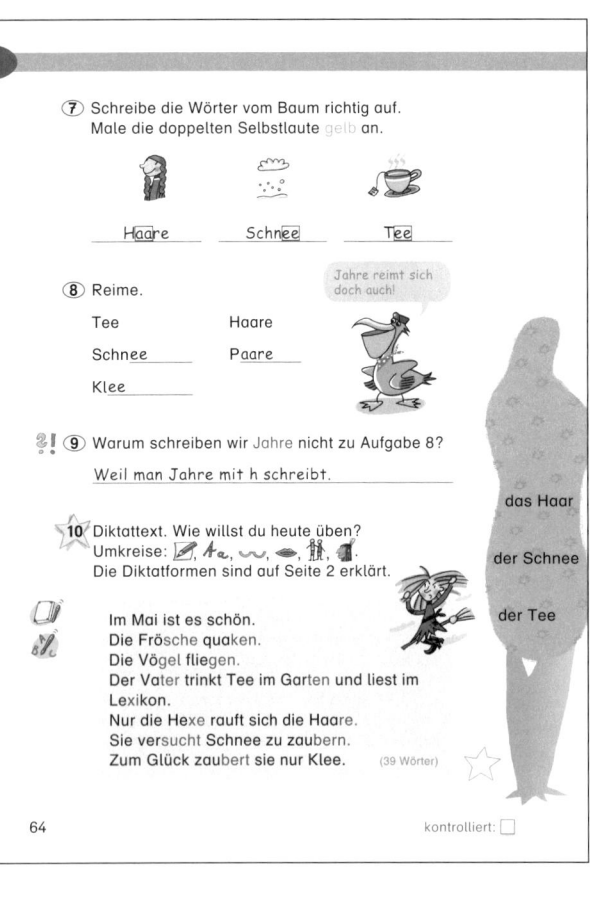

Haare   Schnee   Tee

⑧ Reime.

Tee   Haare

Schnee _____   Paare

Klee _____

Jahre reimt sich doch auch!

❓❗ ⑨ Warum schreiben wir Jahre nicht zu Aufgabe 8?

Weil man Jahre mit h schreibt.

10 Diktattext. Wie willst du heute üben?
Umkreise: ✏️, 📝, 〰️, 🐟, 👫, 🎒.
Die Diktatformen sind auf Seite 2 erklärt.

Im Mai ist es schön.
Die Frösche quaken.
Die Vögel fliegen.
Der Vater trinkt Tee im Garten und liest im
Lexikon.
Nur die Hexe rauft sich die Haare.
Sie versucht Schnee zu zaubern.
Zum Glück zaubert sie nur Klee. (39 Wörter)

das Haar

der Schnee

der Tee

kontrolliert: ☐

5 Wo spürst du das harte K (4)?
Sprich deutlich und schreibe zu den passenden Bildern K.

6 k oder g am Silbenanfang? Setze richtig
zusammen und schreibe die Wörter.

Bei einer Silbe passen beide Möglichkeiten.

sin   stin   blin

schen   flie

-ken/gen

dan   len

bie   win   le

_____

_____

_____

7 Diktattext. Wie willst du heute üben?
Umkreise: , , , , , .
Die Diktatformen sind auf Seite 2 erklärt.

Tea hat einen roten Kopf.
Ihr Körper ist warm.
Sie ist krank.
Die Mutter gibt der Tochter einen gesunden Saft.
Tea trinkt.
Tina schenkt Tea ein Buch über Pferde.

(29 Wörter)

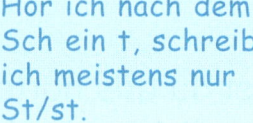
Hör ich nach dem Sch ein t, schreib ich meistens nur St/st.

Sport

Stefan startet los und springt über alle Steine. Dann spielt er zwei Stunden lang Fußball, bis er fast nicht mehr stehen kann. Jetzt ist Stefan hungrig und schafft eine ganze Schale Spagetti mit kleinen Gemüsestiften.

(36 Wörter)

die Stange

der Stäng

1 Schreibe den Text ab.
Tipps zum Abschreiben findest du auf Seite 2.

staunen

2 Die Wörter vom Baum haben etwas gemeinsam. Spure diese Buchstaben in jedem Wort farbig nach. Wie sprichst du die beiden Buchstaben?

stehen

Alle Wörter haben die Buchstaben ＿＿＿＿

steil

gemeinsam. So spreche ich sie aus: ＿＿＿＿＿＿＿.

der Stift

3 Welche Wörter vom Baum sind oben im Text versteckt?
Male sie im Text grün an und schreibe sie auf.

die Stunde

＿＿＿＿＿＿＿＿＿＿＿＿＿＿＿＿＿＿＿＿＿＿＿＿＿＿

4 Welche Wörter bleiben übrig? Schreibe sie auf.

＿＿＿＿＿＿＿＿＿＿＿＿＿＿＿＿＿＿＿＿＿＿＿＿＿＿

＿＿＿＿＿＿＿＿＿＿＿＿＿＿＿＿＿＿＿＿＿＿＿＿＿＿

34

5 Male jedes -t nach einer Lücke gelb an. Dann setze ein:
Sch (4)/sch (2) oder S (4)/s (3).

der __S__tift

das ____iff

die ____lange

____türzen

____tehen

die ____ürzen

der ____ein

die ____tange

der ____tein

____ön

____taunen

____auen

der ____tängel

6 Schreibe alle Wörter aus Aufgabe 5 mit St/st auf.

_____

_____

7 Am Silbenanfang sch oder s? Setze richtig ein.
Schreibe die Wörter.

auf____tehen

ab____tellen

der Blei____tift

die Turn____tange

der ____af____tall

der Blumen____tängel

die ____ul____tunde

_____

_____

_____

?! **①** Die Wörter vom Baum haben etwas gemeinsam.
Male diese Buchstaben in jedem Wort rot an.
Wie **sprichst** du die beiden Buchstaben?

Ich spreche ☐ sch-p ☐ s-p

② Streiche durch, was beim Schreiben
verschwindet. Dann schreibe die
Wörter richtig mit Sp oder sp auf.

> Hör ich nach dem sch ein p, schreib ich meistens nur Sp/sp.

der Sch~~p~~ort

die Schpagetti

der Schpitzer

der Schpinat

schpielen

schpringen

schprechen

schpucken

die Spage

sparen

spielen

der Sport

_____

_____

_____

③ Kreuze an und schreibe die Sätze als Würfeldiktat.
Wie du ein Würfeldiktat schreibst, ist auf Seite 2
erklärt.

	ja	nein
Ich mag kalte Spagetti.	☐	☐
Eine Stunde hat 59 Minuten.	☐	☐
Das Wort Stängel kommt von Stange.	☐	☐
Ich stehe sicher auf einem Bein.	☐	☐
Papier schneide ich mit dem Stift.	☐	☐
In der Sportstunde spielen und schlafen wir.	☐	☐

④ Male jedes -p nach der Lücke **gelb** an.
Setze ein: S (2)/s (3) oder Sch (1)/sch (2).

_____pielen

_____pucken

_____lucken

_____ielen

_____pitzen

der _____patz

die _____ere

die _____pagetti

⑤ Schreibe alle Wörter mit Sp/sp aus Aufgabe 4 auf.

_____

_____

⑥ Schreibe Sch (3) oder Sp (4) zu den passenden Bildern.

7 Diktattext. Wie willst du heute üben?
Umkreise: ✏️, 𝒜𝒶, ᵔᵔ, 👄, 👥, 👤.
Die Diktatformen sind auf Seite 2 erklärt.

Es ist Sportstunde.
Die Kinder schreien, spielen oder springen herum.
Ein Junge steigt an einer Stange steil hoch.
Die Kinder stehen still und staunen.

(24 Wörter)

Zu Fuß

Es ist April. Die Kinder gehen seit einer
Woche wieder zu Fuß zur Schule.
Die frische Frühlingsluft macht rote Ohren.
Zehn Minuten nach acht Uhr kommt Lisa
angesaust.
Unter einem blühenden Busch hat sie
zehn Cent gefunden.   (39 Wörter)

acht

de
Bus

der Cent

fahre

1 Schreibe den Text ab.
Tipps zum Abschreiben findest du auf Seite 2.

frisch

ihnen

2 Sprich diese Selbstlaute einmal besonders
lang und einmal besonders kurz.

Selbstlaute: a   e   i   o   u
              a   e   i   o   u

das Ohr

3 Wie wird der markierte Selbstlaut gesprochen?
Lang oder kurz? Kreuze an.
Überlege: f a hren oder f a hren?

die Schule

der Sohn

	lang	kurz
fahren	☒	☐
acht	☐	☐
zehn	☐	☐
Cent	☐	☐
Woche	☐	☐
Ohr	☐	☐
Schule	☐	☐
Busch	☐	☐

die Tochte

die Woche

zehn

4 Langer oder kurzer Selbstlaut?
Sprich laut und ordne die Wörter.

Jahr
sehen
eng
zehn
Cent
Sohn wohnen
fahren
rot
elf Wolke
frisch Stift
Busch

langer Selbstlaut	kurzer Selbstlaut
s<u>e</u>hen	ẹng

5 Diktattext. Wie willst du heute üben?
Umkreise: 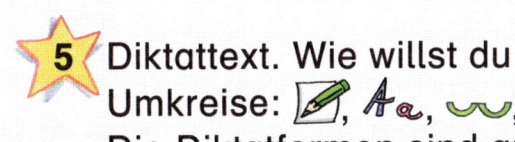.
Die Diktatformen sind auf Seite 2 erklärt.

Anton geht zu Fuß zur Schule.
Heute zählt er acht, neun, zehn, elf,
zwölf Büsche, die schon blühen!
Welche Früchte werden aus den Blüten?
Rote oder blaue?
Anton will jede Woche nach ihnen sehen.

(34 Wörter)

Sommer

Endlich ist Sommer. Die Sonne brennt vom
Himmel. Anna und Tommi kommen immer am
Donnerstag und Sonntag ins Schwimmbad.
Dort verkauft ein Mann Pommes.
Bei Regen bleiben die Kinder zu Hause in
ihrem Zimmer.   (35 Wörter)

der Donners

der Him

 **1** Schreibe den Text ab.
Tipps zum Abschreiben findest du auf Seite 2.

2 Male alle doppelten Mitlaute in
den Wörtern im Wörterbaum rot an.

kommen

können

3 Wird der Selbstlaut vor dem doppelten Mitlaut
kurz oder lang gesprochen? Überprüfe bei
den Wörtern vom Wörterbaum und setze
bei den Selbstlauten das richtige Zeichen ein
(▬ oder •).

der Mann

die Pomm

Vor dem doppelten Mitlaut
klingt der Selbstlaut immer _____.

der Somme

4 Schreibe das Tunwort in der er-Form daneben
und markiere mit ▬ oder •.

die Sonne

können – er ____kann____
                      •

rennen – sie _____

das Zimme

schwimmen – er _____

kommen – sie _____

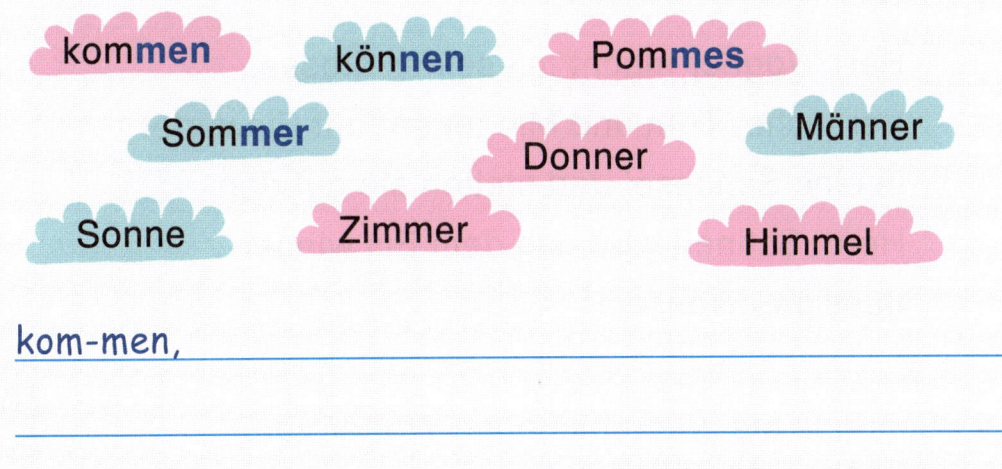

5 Entdecke die Trennregel.
Dann trenne und schreibe in Silben darunter.

kommen können Pommes

Sommer Donner Männer

Sonne Zimmer Himmel

kom-men,

6 Immer zwei Wörter sind miteinander verwandt.
Sie gehören zur gleichen Wortfamilie.
Färbe die passenden Kästchen in der gleichen Farbe
und schreibe die Wörter.

Mannschaft himmelblau Zimmer

Himmel Sonntag Sommerferien

Sommer Sonne Zimmertür Männer

Mannschaft – Männer,

1 Unterstreiche im Text alle Wörter mit doppeltem Mitlaut und markiere die Selbstlaute davor mit ▬ oder ●.

Herr Wagner macht mit seiner Klasse
Versuche. Tom und Mia legen fünf Eiswürfel
in eine Schüssel und stellen sie auf den
Herd. Schnell wird aus dem Eis wieder
flüssiges Wasser.   (30 Wörter)

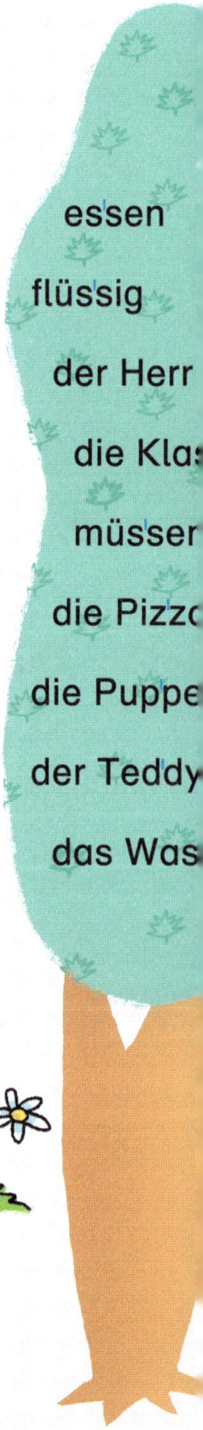

2 Schreibe die unterstrichenen Wörter von Aufgabe 1 in Silben auf.

_____

_____

3 Setze die Silben richtig zusammen.

_____

_____

_____

sen   se   ser
Was   sen   müs
es   Klas

4 Trenne die Wörter mit Strichen und schreibe die Wörter auf.
Schreibe die Namenwörter mit Begleiter.

MÜSSENKLASSEFLÜSSIGWASSERESSEN

_____

_____

essen

flüssig

der Herr

die Klas

müsser

die Pizz

die Pupp

der Teddy

das Was

5 In jeder Zeile hat sich ein Wort versteckt. Auch bei diesen
Wörtern wird der Selbstlaut kurz gesprochen.
Male ihn im Kasten gelb an und schreibe die Wörter auf.

K	P	I	Z	Z	A	V	O
L	R	S	P	U	P	P	E
M	T	E	D	D	Y	O	B
B	N	H	E	R	R	T	C

_____

_____

_____

_____

6 Ordne die Wörter im Satz und schreibe die Sätze auf.

 spielt Anna dem mit Teddy.

_____

 Puppe Die ins fällt Wasser.

_____

 eine isst Pizza Herr Der.

_____

7 Kannst du die Geheimschrift lesen? Trage ein.

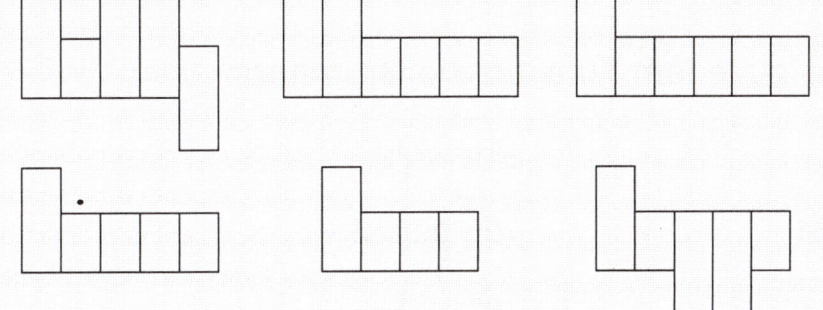

Pizza

Puppe

Teddy

Klasse

Wasser

Herr

1 Kreise im Text alle Wörter mit doppeltem Mitlaut (14) ein.

Mia will am Mittwoch ihren Geburtstag feiern. Sie holt schnell einen Füller und einige Blätter Papier. Auf alle Einladungen malt sie bunte Schmetterlinge. Mutter meint: „Bei schönem Wetter könnt ihr Ball spielen. Wenn ihr wollt, koche ich euch Spagetti."

(39 Wörter)

alle

der Ball

bitten

das Blatt

der Fülle

der Mittwoc

die Mutte

der Schmetter

schnell

die Spage

das Wett

wolle

2 Schreibe die eingekreisten Wörter aus Aufgabe 1 in Silben auf. Der Wörterbaum hilft dir.

_____

_____

_____

_____

3 Bei den folgenden Wörtern sind die Silben vertauscht. Schreibe sie richtig auf.

lenfal _____   lenstel _____

tenbit _____   lenrol _____

lenfül _____   lesal _____

4 Schreibe zu jedem Tunwort die Grundform.

ihr sollt – _____   ihr wollt – _____

du brüllst – _____   du bittest – _____

ich falle – _____   er rollt – _____

⑤ Setze l (2) oder ll (6) ein.

A___e Kinder wo___en ein Eis. Mutter fü___t es in

eine Scha___e. Dann ste___t sie es auf den Tisch.

Schne___ essen die Kinder a___es auf.

Zum Dank ma___en sie Mutter ein schönes Bild.

(32 Wörter)

⑥ Kannst du die Geheimschrift lesen? Trage ein.

bitten   still   fällt   alles   stellen

⑦ Diktattext. Wie willst du heute üben?
Umkreise: 📝, Aa, ⌣⌣, 👄, 👫, 🧑.
Die Diktatformen sind auf Seite 2 erklärt.

Mia hat Geburtstag.
Mit dem Füller schreibt sie die Einladungen auf
einige Blätter Papier. Dann malt sie noch bunte
Schmetterlinge darauf.
Alle Freunde wollen kommen.
Bei schönem Wetter können sie ins Schwimmbad
gehen und Pommes essen.

(36 Wörter)

Das Unglück

Susis Wecker klingelt. Nach dem Frühstück radelt sie über eine Brücke an einer Hecke vorbei. Plötzlich saust ein Radler um die Ecke. Vor Schreck stürzt Susi vom Rad. Sie verletzt sich am Rücken. Zum Glück ist es nicht schlimm. Nur ihr Rock ist jetzt schmutzig. (47 Wörter)

1 Schreibe den Text ab.
Tipps zum Abschreiben findest du auf Seite 2.

2 Male alle ck (10) im Text oben grün an.

3 Markiere den Selbstlaut/Umlaut vor dem ck:
⎯ oder ○.

Den Selbstlaut/Umlaut vor dem ck spreche ich

immer _____.

4 Suche das verwandte Wort im Text.

Unglücksrabe – _____Unglück_____

frühstücken – _____

Radiowecker – _____

Hängebrücke – _____

erschrecken – _____

eckig – _____

Buchrücken – _____

die Hecke

der Rock

der Rücken

der Zucke

Das ck ist ein Paar - unzertrennlich Jahr für Jahr.

5 Schreibe die Wörter aus dem Wörterbaum in Silben auf.

_____

_____

6 Schreibe zu jedem Rätsel das passende ck-Wort.

Was schmeckt süß?   der _____

Wohin bauen Vögel Nester?   in die _____

Was ziehen Mädchen manchmal an?   einen _____

Wo trägst du den Rucksack?   auf dem _____

7 Wähle das richtige Wort aus.
Schreibe den vollständigen Satz auf.

Viele Büsche nebeneinander nennt man ...   Hecke/Hacke.
Manche Mädchen tragen gerne ...   Röcke/Stöcke.
Bei Pferden setzt man sich auf den ...   Deckel/Rücken.
In den Kaffee gebe ich zwei Stücke ...   Socken/Zucker.

_____

_____

_____

_____

_____

① Unterstreiche alle Wörter mit tz **rot** und alle Wörter mit z **grün**.

Meine Katze ist ganz schwarz, nur die Spitze ihres Schwanzes ist weiß. Ihr Platz ist in der Küche. Hier sitzt sie oft und spielt mit einer Maus aus Holz. Manchmal macht sie einen Satz und hetzt durch das Haus.   (39 Wörter)

Nach l, n, r - das merk dir ja - kommt nie tz und nie ck!

② Schreibe alle **Namen**wörter mit z und tz aus dem Text auf und setze sie in die Mehrzahl.

Einzahl	Mehrzahl

das Holz

die Katze

der Pla

der Schw

schwarz

sitzen

3 Zaubere neue Wörter. Füge je einen Mitlaut hinzu.

Spitze   Satz

<u>Spritze</u>   _____

sitzen   Latz

_____   _____

Bei dieser Aufgabe
brauchst du: 2×p, 1×P

4 Kannst du die Fragen beantworten?
Der Text von Aufgabe 1 hilft dir.

Welches Tier ist schwarz? _____

Welcher Teil des Tieres ist weiß? _____

_____

Was ist in der Küche? _____

Manchmal ist sie munter. Was tut sie dann? _____

_____

5 Diktattext. Wie willst du heute üben?
Umkreise: .
Die Diktatformen sind auf Seite 2 erklärt.

Der Wecker klingelt.
Das Frühstück ist fertig.
Die Katze sucht sich einen warmen Platz.
Sie legt sich auf Susis Rock.
Plötzlich macht die Katze einen Satz und hetzt hinaus.
Sie flitzt um die Ecke und versteckt sich in der Hecke.

(40 Wörter)

Was Bienen am Dienstag gerne machen
Bienen fliegen am Dienstag siebenmal auf
die Wiese. Diese Tiere lieben es, wenn sie
von Herrn Zwiebel, dem Briefträger, vier auf
honiggelbem Papier geschriebene Briefe
serviert bekommen.   (33 Wörter)

vier

sieben

die Bien

1 Schreibe den Text ab.
Tipps zum Abschreiben findest du auf Seite 2.

2 Wie viele Wörter mit ie findest du im Text
(mit Überschrift)? Umkreise sie gelb.

das Tier

Es sind _____ Wörter mit ie.

die Zwiebel

3 Schreibe auf, was Pepe sieht. Markiere in
deinen Sätzen alle ie.

der Brief

die Wiese

der Diensta

das Papie

Pepe sieht vier Tiere. Pepe _____

_____

_____

_____

4 Schreibe alle Namenwörter aus dem Wörterbaum nach dem ABC geordnet mit ihrem Begleiter auf.

_____

_____

_____

5 Bilde Sätze.
Denke an den Satzanfang und das Satzende.

Timo Briefe
vier bekommt

_____

_____

Wiese Bienen der
sind auf sieben

_____

_____

Papierflieger bastelt
Pepe viele

_____

_____

Hör ich i beson-
ders lang, hängt
sich meist ein e
daran: ie.

6 Kreise die Bilder ein, in denen du ein langes i hörst. Du schreibst sie mit ie. Schreibe alle Wörter mit Begleiter auf.

_____   _____

_____   _____

7 Setze die Tunwörter in die ich-Form und in die er-Form.

Grundform	ich ...	er ...
liegen		
fliegen		
lesen		
lieben		

8 Male in Aufgabe **7** alle ie gelb an: die gedruckten und die, die du selbst geschrieben hast.
Wie viele sind es?

Es sind _____ ie.

9 Welches Tunwort in Aufgabe **7** wird nur in der er-Form mit ie geschrieben? Schreibe es hier nochmals auf.

Lies genau und höre genau!

Grundform: _____

ich-Form: _____

er-Form: _____

10 Kurzes i oder langes i?
Höre genau und setze ein: i oder ie.

M  i t der Brille auf der Nase s___ht er aus

w___ ein Osterhase.

Mein Fl___ger fl___gt leider gar n___cht weit.

Hat T___m einen Br___f geschr___ben?

Ich l___be d___ P___zza, die du mir serv___rt hast!

fliegen

lesen – liest

lieben

liegen

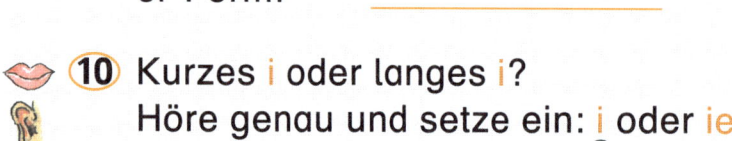

52

11 ie-Rätsel. Welche Wörter passen?

```
                    B
              R
                  I
                E
                      F
          T
                R
                Ä
            G
          E
                R
```

Die Diktatformen sind auf Seite 2 erklärt.

12 Diktattext. Wie willst du heute üben?
Umkreise: 📝, Aa, ∪∪, 👄, 👫, 👤.

Ich liebe alle Tiere.
Am Dienstag hat unsere Katze sieben Junge
bekommen.
Sie liegen eng bei der Mutter.
Auch Bienen habe ich lieb.
Sie fliegen oft zu unserer Wiese und besuchen
die Blumen.
Das ist die Arbeit der Bienen.   (39 Wörter)

Es ist kalt

Im Monat September ist es am Abend schon
oft sehr kalt.
Der Wind weht über das Feld.
Das Kind geht mit dem Hund spazieren.
Es hat nur ein Kleid an und friert.

(35 Wörter)

der Aber

1 Schreibe den Text ab.
Tipps zum Abschreiben findest du auf Seite 2.

die Bank

das Bild

2 Welche Wörter aus dem Wörterbaum findest du
im Text? Unterstreiche sie.

das Fel

das Ge

3 Was haben die unterstrichenen Wörter
gemeinsam?

die Hand

_____

der Hund

das Kind

das Klei

der Mu

4 d oder t? Setze richtig ein. Die Mehrzahl hilft dir.

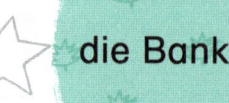

 Das Klei[?]   die _Kleider_   →   das Klei_d_

 Das Fel[?]   die _____   →   das Fel___

 Der Saf[?]   die _____   →   der Saf___

 Der Aben[?]   die _____   →   der Aben___

 Das Bil[?]   die _____   →   das Bil___

der
Schran

der
Wind

⑤ Bilde wieder die Mehrzahl und höre genau. Dann kannst
du sicher bestimmen, ob g oder k am Wortende steht.

→ _____Bänke_____ → Ban | k |

→ _____ → We | |

→ _____ → Zu | |

→ _____ → Schran | |

→ _____ → Köni | |

Wenn du die Wörter
in die Mehrzahl
setzt, kannst du das
weiche g hören.

⑥ Setze passende Wörter aus dem Wörterbaum ein.

🎲 Der _____ weht die Wolken weg.

🎲 Kannst du mir _____ für ein Eis geben?

🎲 Ich bin müde und setze mich auf die _____.

🎲 Ich hänge das _____ an die Wand.

🎲 Mit der _____ steckt das _____ die Nuss

in den _____.

🎲 Auf dem _____ wächst das Getreide.

 ⑦ Übe den Text von Aufgabe 6 als Würfeldiktat.
Wie du ein Würfeldiktat schreibst, ist auf Seite 2 erklärt.

8 Im Wörterbaum findest du Namenwörter und Wiewörter. Unterstreiche die Wiewörter.

9 Wie kannst du diese Wiewörter verlängern?

Die Dame ist al_t_ .   →   die ___alte___ Dame

Das Auto ist lau__ .   →   das _____ Auto

Die Nuss ist har__ .   →   die _____ Nuss

Das Kleid ist wei__ .   →   das _____ Kleid

Der Schnee ist kal__ .   →   der _____ Schnee

10 Die Namenwörter aus dem Wörterbaum kannst du selbst verlängern.

der Stift   –   ___die Stifte___

das Gesicht –   _____

das Licht   –   _____

die Frucht   –   _____

der Ast   –   _____

das Brot   –   _____

die Nacht   –   _____

der Saft   –   _____

der Monat   –   _____

die Zeit   –   _____

alt

de
As

das Brot

die Fruc

das Gesicht

hart

kalt

laut

das Licht

der Mona

die Nacht

der Saft

der Stift

weit

die Zeit

Apfel-
saft

12
Mai

⑪ Nun bist du ein Experte. Fülle die Lücken.

Am Aben__ wird das Lich__ immer weniger.

Diese Ban__ ist mir zu har__.

Auf dem Bil__ habe ich mit dem roten Stif__ gemalt.

Hast du genug Gel__ für dieses Klei__?

Ich kenne das Kin__ nicht.

Welcher Ta__ ist heute? Heute ist Samsta__.

Sie hat sich den Mun__ mit Lippenstif__ angemalt.

Papa, woher kommt das Bro__?

Wächst es auf dem Fel__?

Dieser Saf__ ist mir zu kal__.

Diese Fruch__ mag ich nicht. Sie ist schon al__.

Die Uhr zeigt die Zei__ an.

Schau mal, der Hun__ hat so ein nettes Gesich__.

> Verlängere die Wörter und horche genau. Erst dann weißt du sicher, welchen Buchstaben du einsetzen musst.

 ⑫ Diktattext. Wie willst du heute üben?
Umkreise: ✏️, Aa, 〰️, 👄, 🧍🧍, 🧑‍🎤.
Die Diktatformen sind auf Seite 2 erklärt.

Jeden Tag gehe ich mit
unserem Hund Gassi.
Der Wind weht über das Feld.
Wir gehen heute einen neuen Weg.
Bei der Bank darf mein Hund trinken.
Am Abend müssen wir zu Hause sein.

(34 Wörter)

Was frisst das Kälbchen?
Der kleine Junge schaut dem Kälbchen zu.
Das Kalb steht Tag und Nacht auf der Wiese
und frisst Gras.
„Können Kälber keine Brötchen fressen?", fragt er.
Da lacht die Mutter:
„Kälber sind keine Mäuse, die gerne
Brot anknabbern."

(42 Wörter)

1 Schreibe den Text ab.
Tipps zum Abschreiben findest du auf Seite 2.

2 Du bist ein Zauberer.
Zaubere aus den Wörtern die Mehrzahl.

Gras

Maus

Äst*e*

Zahn

Nacht

Strauch

> Bilde ich die Mehrzahl,
> wird oft aus einem a ein
> ä und aus au ein äu.

3 Schreibe aus dem Text oben alle Namenwörter
heraus, die in der Mehrzahl stehen.

_____

_____

der Ast

das Gras

die Ma

die Nach

der Strau

der Zahn

④ Hier darfst du die Dinge klein machen.
Schreibe mit Begleiter auf.

Beispiel:

„chen" und „lein" machen die Dinge klein.

der Ast   –   das Ästchen

Haus   _____

Brot   _____

Maus   _____

Zahn   _____

Blatt   _____

Mann   _____

Hand   _____

Puppe   _____

Taube   _____

⑤ Male die Umlaute in der Verkleinerung gelb an.
Was ändert sich?

Aus a wird _____, aus au wird _____.

6 Ordne die Wörter im grünen Kasten in
die richtige Kiste!

Brot	Mäuse	Kühe	Nacht	Zahn
Mutter	Zähne	Maus	Äste	Gras
Strauch	Nächte	Brote		Kälbchen
Kalb	Ast	Sträucher	Mütter	
Brötchen	Kuh	Mäuslein	Gräser	

der Ast

das Gras

die Kuh

die Maus

die Nach

der Strauc

der Zahn

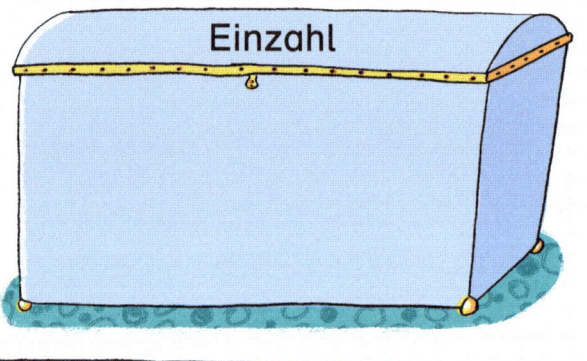

Einzahl

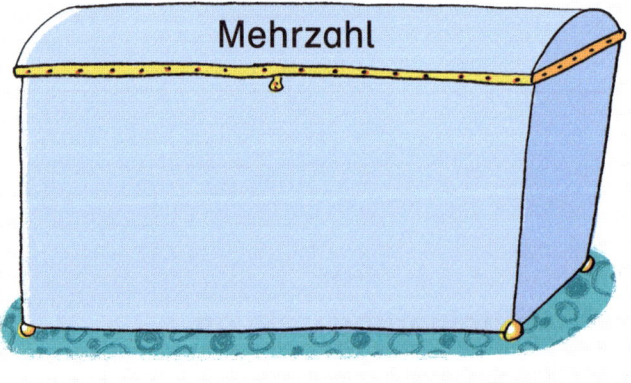

Mehrzahl

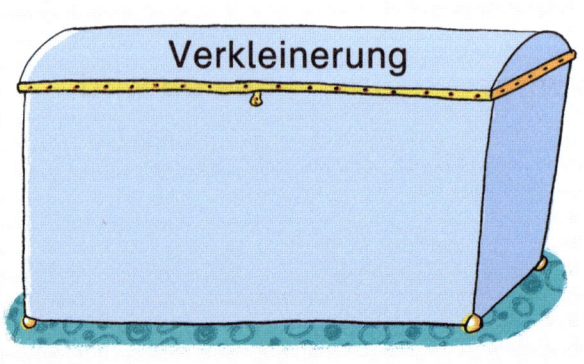

Verkleinerung

60

?! ⑦ Kannst du es erklären?

Warum schreibt man Häuser mit äu?

Weil man Haus mit au schreibt.

Warum schreibt man Nächte mit ä?

_____

Warum schreibt man Blättchen mit ä?

_____

Warum schreibt man Zähne mit ä?

_____

Warum schreibt man Sträucher mit äu?

_____

⑧ Diktattext. Wie willst du heute üben?
Umkreise: .
Die Diktatformen sind auf Seite 2 erklärt.

Hast du die Kälbchen gesehen?
Sie fressen Blätter von den Ästen.
In der Nacht huschen die Mäuschen in die Häuser.
Sie wollen keine Gräser, sie wollen Würstchen und
Brötchen.
Mit den kleinen Zähnchen fressen sie schnell.

(36 Wörter)

Im Winter
Lisas Vater arbeitet beim Winterdienst.
Wenn der erste Schnee fällt, streut er Salz.
So wird der Verkehr nicht behindert.
Im Park füttert er in der Pause die Vögel
mit Vogelfutter.
Bei der Arbeit ist ihm oft kalt,
deshalb hat er Tee dabei.

(44 Wörter)

 **1** Schreibe den Text ab.
Tipps zum Abschreiben findest du auf Seite 2.

2 Schreibe die Wörter mit V auf!

V — ater   → _____

— erkehr   → _____

— ogel   → _____

3 Setze das Tunwort versuchen in der richtigen
Form ein.

Die Plätzchen sehen lecker aus.

Lisa _____ eins davon.

Ich kann nicht so gut Sterne basteln.

Trotzdem _____ ich es.

Gestern hatten wir einen großen Streit.

_____ wir, uns zu vertragen?

der Vater
der Verke
der Vogel
versuch
vier
die Hexe
das Lexiko
quaken
das Quad
der Mai

④ Füge die Wörter vom Baum passend in die Lücken.

Die _ _ _ _ liest in ihrem _ _ _ _ _ _ _.

Der Frosch _ _ _ _ _ und hüpft in den See.

Im _ _ _ blühen viele Blumen.

Ein _ _ _ _ _ _ _ hat vier Ecken.

(24 Wörter)

⑤ Schreibe die Sätze als Würfeldiktat.
Wie du ein Würfeldiktat schreibst, ist auf Seite 2 erklärt.

Was die kleine Hexe alles zaubert!

Vater quakt ein Lied.

Im Mai fällt grüner Schnee.

Der Vogel liest im Lexikon.

Der Frosch versucht zu sprechen.

Der Verkehr fährt im Quadrat.

⑥ Finde die Wörter in der Wörterschlange.
Trenne sie mit Strichen ab und schreibe die Wörter
nach dem ABC geordnet auf.

_____

_____

_____

MANOGELHEXEVERKEHRQUADRATVATERQUAKENVIERVERSUCHENLEXIKON

7 Schreibe die Wörter vom Baum richtig auf.
Male die doppelten Selbstlaute gelb an.

_____   _____   _____

8 Reime.

Jahre reimt sich doch auch!

Tee   Haare

Schn_____   P_____

Kl_____

9 Warum schreiben wir Jahre nicht zu Aufgabe 8?

_____

10 Diktattext. Wie willst du heute üben?
Umkreise: .
Die Diktatformen sind auf Seite 2 erklärt.

Im Mai ist es schön.
Die Frösche quaken.
Die Vögel fliegen.
Der Vater trinkt Tee im Garten und liest im
Lexikon.
Nur die Hexe rauft sich die Haare.
Sie versucht Schnee zu zaubern.
Zum Glück zaubert sie nur Klee.   (39 Wörter)

das Ha
der Schr
der Tee

kontrolliert: ☐